Reinhold Ruthe
Vergebung –
Herzstück der Seelsorge

Reinhold Ruthe

Vergebung –
Herzstück der Seelsorge

Heilung für seelische Verletzungen
Aus der Praxis für die Praxis

Blaukreuz-Verlag Lüdenscheid

Reinhold Ruthe, geboren 1927 in Löhne (Westfalen), ist Eheberater (EZI) und Psychotherapeut für Kinder und Jugendliche (DGIP). Er ist verheiratet, hat eine Tochter. Er war Ausbildungsleiter des Instituts für beratende und therapeutische Seelsorge in Velbert, lebt jetzt im tätigen Ruhestand.

© by Blaukreuz-Verlag Lüdenscheid 2001, 2. Auflage 2010
Umschlaggestaltung: Andreas Junge
DTP-Satz: Uwe Salewski, fairundehrlich@email.de
Druck: Seltmann GmbH Druckereibetrieb, Lüdenscheid

ISBN 978-3-941186-39-2 Blaukreuz-Verlag Lüdenscheid

Inhaltsverzeichnis

Vorwort

In der Tat: Vergebung ist die wichtigste Sache der Welt. Sie ist zweifellos das Herzstück der Seelsorge. Durch Vergebung heilen seelische Wunden. Sie macht es möglich, Unverzeihliches zu verzeihen. Sie macht es möglich, Feindschaft in Freundlichkeit zu verwandeln. Sie macht es möglich, Misstrauen in Vertrauen umzugestalten.

Wer nicht vergeben kann, ist *liebesunfähig*.

Wer nicht vergeben kann, ist *beziehungsunfähig*.

Wer nicht vergeben kann, ist *konfliktunfähig*.

Zusammenleben ohne Konflikte, ohne Verletzungen, ohne bewusste und unverstandene Kränkungen ist unmöglich. Vergebung verhindert, dass Beziehungen zerstört werden. Sie verhindert, dass Menschen sich wie Feinde behandeln. Vergebung ist wie Schmieröl für ein reibungsloses Miteinander im Zusammenleben. Das gilt für Christen und für Nichtchristen, für Kinder und für Erwachsene. Das gilt für Ehen, Familien, Dorfgemeinschaften und für Völkerbeziehungen.

Vergebung ist auch die Voraussetzung zur Gemeinschaft mit Gott. Sie ist notwendig wie das tägliche Brot. Wenn Gott uns nicht vergibt, sind wir verloren. Durch seinen Tod und seine Auferstehung hat Christus die Versöhnung zwischen Gott und Menschen sichergestellt. Aber wichtige Fragen bleiben:

Wie können *wir* hilfreich Vergebung praktizieren?

Was hindert *uns*, Vergebung zu verweigern?

Welche Schwierigkeiten hemmen *uns*, Vergebung zu realisieren?

Welche Irrtümer unterlaufen *uns* in der Vergebungspraxis?

Warum sind häufig Gebete um Vergebung fruchtlos?

Dieses Buch will Missverständnisse und Irrtümer der Vergebungspraxis verdeutlichen. Es will konkrete Schritte aufzeigen, wie zerstörerische Erfahrungen abgebaut, Misstrauen beseitigt und seelische Verletzungen wieder heil werden können.

Kapitel 1:
Vergeben, Vergessen und Erinnern

Anfang der sechziger Jahre haben wir vom CVJM Hamburg Juden aus Israel nach Deutschland eingeladen. Wir führten ein Israel-Seminar durch. Wir wollten ein Zeichen setzen, um die Versöhnung mit Israel nicht nur mit Worten auszudrücken. Junge Menschen des CVJM wollten handfest Vergebung praktizieren.

Als Generalsekretär führte ich Gespräche mit Schalom Ben Chorin, einem jüdischen Gelehrten, Schriftsteller und Philosophen in Israel. Wir baten ihn, junge Israelis zu ermutigen, eine Woche in Hamburg zu verbringen. Er war zunächst skeptisch und hatte Bedenken, ob es junge Israelis wagen würden, ins Land der Mörder ihrer Eltern und Verwandten zu kommen. Wir gaben nicht auf, und Schalom Ben Chorin wollte sich bemühen, junge Israelis für die Reise zu gewinnen.

Wider Erwarten meldeten sich viele, und es kamen zwanzig junge Frauen und Männer aus verschiedenen Städten und Dörfern in Israel. Die meisten waren das erste Mal in Deutschland. Sie reagierten abwartend, um nicht zu sagen misstrauisch. Aber das legte sich schnell. Gekommen waren offene und ehrlich denkende junge Juden.

Die Gespräche verliefen ernst und herzlich, manche auch sehr kritisch. Das Klima war freundschaftlich. Junge Deutsche und Israelis lagen sich in den Armen. Ein Stück Versöhnung wurde realisiert. Beide Seiten konnten Vergebung aussprechen. Mit einem Unterschied und darum erzähle ich diese Begebenheit:

Schalom Ben Chorin sagte damals sinngemäß und ich zitiere nur die entscheidenden Sätze: „Wir können vergeben, *aber vergessen werden wir das nie. Wir müssen uns erinnern!*"

Ich war schockiert. Mir verschlug es die Sprache. Ich hatte als Christ gelernt zu vergeben *und zu vergessen*. Völlig neu musste ich nachdenken über Vergeben und Vergessen, über Vergeben und Erinnern.

Können wir vergeben und vergessen?

Fast habe ich den Eindruck, es ist unmöglich. Wir können Verletzungen und Kränkungen, die uns widerfahren sind, verarbeiten, wir können sie weggeben, aber wir können sie nicht ungeschehen machen. Sie sind da, wir haben sie im Gedächtnis gespeichert. Wenn es notwendig wird, können wir sie abrufen.

Ein Beispiel aus der Beratungspraxis mag es veranschaulichen. Ein Ehepaar, sie sind etwa zehn Jahre verheiratet, lebt seit Kindertagen in einer Freikirche. In der Jugendgruppe sind beide mit anderen Frauen und Männern aufgewachsen. Nach der Heirat sind sie Mitglied geworden. Beide arbeiten in verschiedenen Gremien mit. Das Ehepaar ist mit anderen aus der Gemeinde eng befreundet. Sie treffen sich im Hauskreis, fahren gemeinsam auch in Freizeiten.

Die Freundschaft zu einem bestimmten Ehepaar bekommt eine erotisch sexuelle Note. Der Mann verliebt sich in die Frau seines Freundes und die Frau erwidert diese Liebe. Es kommt zu Zärtlichkeiten und später auch zu sexuellen Beziehungen.

Etwa ein Jahr lang kann die Beziehung geheim gehalten werden, dann ertappt die Ehefrau ihren Partner mit der Frau des Freundes bei einem Techtelmechtel. Die Ehefrau ist schockiert. Es finden Vierergespräche statt. Die Affäre kommt ans Licht.

Beide Ehebrecher bekennen offen ihre Schuld. Beide offenbaren, dass sie niemals an Scheidung gedacht haben und auch die Scheidung auf keinen Fall wollen. Die ständige Nähe und die Begegnung in Gruppen und Arbeitskreisen hatte die Beziehung ausufern lassen. Der Pastor der Gemeinde wird eingeweiht. Im Namen Jesu wird die Vergebung ausgesprochen. Alle Beteiligten geben sich die Hand und wollen die Affäre begraben und vergessen.

Alle vier gehören aber weiterhin zur Gemeinde. Die betrogene Ehefrau sieht jeden Sonntag im Gottesdienst die „Ehebrecherin". Die Freundschaft ist zu Ende. Aber man sieht sich ständig.

Ein halbes Jahr später sucht mich die „betrogene Ehefrau" auf. Sie leidet immer noch unter der Kränkung, die sie erfahren hat. Und ihre Frage lautet: „Wie bekomme ich die seelische Verletzung unter die Füße? Ich habe meinem Mann und der Freundin vergeben, aber vergessen werde ich das nie!"

Nein, wir können das auch nicht vergessen.

Wie können wir lernen, mit erlittenen Verletzungen beschwerdefrei zu leben?

Wie gehen wir damit um, uns ohne Bitterkeit zu erinnern?

Darüber wollen wir nachdenken.

Wir können vergeben, aber nicht vergessen

Es ist in der Tat möglich, dass wir Begebenheiten völlig aus dem Bewusstsein verdrängt haben. Sie sind nicht mehr gegenwärtig. Wir haben sie völlig ausgeblendet.

Aber sie sind noch vorhanden. Irgendjemand erinnert uns, wir blättern in Fotoalben, wir lesen alte Briefe, frühere Bekannte gehen mit uns auf die Reise in die Vergangenheit. Plötzlich leben alte Erinnerungen – schöne und unschöne – wieder auf.

Der gläubige Psychiater Chris Thurman beschreibt das so: „Ihr Gehirn lässt sich gut mit einem Kassettenrecorder vergleichen. Es kann sowohl Botschaften aufnehmen als auch wiedergeben, und es hat Zugang zu einer persönlichen Bibliothek von Tausenden von Kassetten, die jederzeit abgespielt werden können. Diese Kassetten enthalten alle Überzeugungen, Einstellungen und Erwartungen, die Sie während Ihres Lebens ‚aufgenommen‘ haben (…) Unwissenheit ist kein Segen, wenn es um diese Kassetten geht. Solange sie nicht ins Bewusstsein gebracht werden, sind Sie ihnen gnadenlos ausgeliefert.“[1]

Thurman gibt uns den neurologischen Beweis, dass wir Botschaften niemals völlig vergessen können. Darum müssen wir uns dem Begriff des *Erinnerns* nähern.

Wir werden uns mehr oder weniger immer wieder erinnern. Besonders Erlebnisse, die uns tief verletzt haben, die uns gedemütigt haben, bleiben in der Erinnerung haften. Sie lähmen unsere Aktivitäten und sie belasten Leib und Seele.

Der amerikanische Theologe und Seelsorger Professor Jay E. Adams erzählt in einem seiner Bücher ein einleuchtendes Beispiel, warum Vergessen in der Seelsorge unmöglich ist:

„Eine alte Geschichte erzählt von einem König, dessen Staatskasse bedenklich leer war. Er rief deshalb seine Alchimisten zu sich und sagte: ‚Ihr arbeitet nun schon so lange daran, unedle Metalle in Gold zu verwandeln. Nun brauche ich Gold. Heute ist Montag. Ich gebe euch Zeit bis Freitag, die Formel herauszufinden. Gelingt es euch nicht, so werden eure Köpfe rollen!‘ Es wurde Freitag und die Köpfe rollten, einer nach dem anderen, bis der letzte Alchimist vor den König trat. Dieser sagte: ‚Ich hab's!‘ Der König antwortete: ‚Das würde ich dir auch raten, sonst ist es um dich geschehen. Lass die Formel hören.‘ Und so zählte der Alchimist auf: ein Löffelchen Kalkstein, Schmetterlingsflügel, eine Prise Eidechsenzunge – und so ging es fort. Als er geendet hatte, fragte der König: ‚Ist das alles?‘ – ‚Ja, das ist alles‘, sagte der Alchimist und eilte zur Tür. ‚Verlass die Stadt nicht‘, befahl der König. ‚Selbstverständlich nicht‘, erwiderte der Alchimist. Kurz bevor er zur Tür hinaus war, drehte er sich noch einmal um und sagte: ‚Was ich noch zu erwähnen vergaß, mein König: Wenn Ihr beim Umrühren an einen Elefanten denkt, dann klappt es nicht.‘

Es versteht sich von selbst, dass der Alchimist eines natürlichen Todes starb.

Man kann ganz einfach nicht auf Befehl vergessen. Die Bibel verlangt das auch gar nicht. Sie fordert uns nur auf, unsere Vergebung an Gottes Vorbild zu orientieren, und Gott verspricht, sich nicht zu erinnern."[2]

Die Vergebung ist eine menschliche und geistliche Grundsatzforderung. Menschen unterscheiden sich von allen anderen Lebewesen dadurch, dass sie sich wissentlich und ohne legitimen Grund Leid zufügen können. Sie belügen und täuschen sich, sie vergewaltigen, schlagen und machen sich gegenseitig lächerlich. Sie tun es nicht nur den Feinden an, sondern auch den nächsten Angehörigen.

Nein, das größte Leid geschieht nicht nur auf dem Schlachtfeld, sondern auch zwischen Menschen in engen Beziehungen. Aus einer Mischung zwischen Liebe und Hass entstehen verhärtete Herzen, tiefsitzende Verletzungen und gebrochene Herzen. Die ärgsten Feinde sind nicht Feinde oder Fremde, sondern Ehepartner, Kinder, Eltern und Freunde. Ohne Vergebung wird diese Kettenreaktion der Sünde nicht gestoppt.

Wie gehen wir mit Erinnerungen um?

Wie sagte Schalom Ben Chorin: „Wir können vergeben. Aber vergessen werden wir das nie!"

Wir müssen uns erinnern.

Vergeben und erinnern schließen sich nicht aus. Sie gehören in unserem Leben zusammen. Die Frage ist nur, *wie* wir uns erinnern. Ob wir ohne Verbitterung zurückschauen können? Ob wir ohne Groll die Kränkungen und Verletzungen anschauen können?

Ja, an das Vergangene muss ich mich erinnern, es muss in die richtige Perspektive gerückt und erneut durchlebt werden. Ohne Erinnerung kann keine Verletzung überwunden werden.

Ich erinnere an das Ehepaar, befreundet mit einem anderen Paar. Der eine beging Ehebruch mit der Frau des Freundes. Als die Affäre herauskam, setzten sich beide Paare zusammen. Die verletzte Ehefrau klagte ihren Mann und die Frau des befreundeten Paares an. Beide Parteien sparten nicht mit verbalen Bosheiten. Ein halbes Jahr war Kalter Krieg. Die betrogene Ehefrau kam in die Beratung. Ich ermutigte sie und die Beteiligten, noch einmal zusammenzukommen, um wirklich Frieden zu schließen. Alle vier erklärten sich bereit und waren froh, den Kalten Krieg, der alle belastete, zu beenden. Die Ehebrecher gaben zu, dass sie Schaden angerichtet hatten. Sie baten um Entschuldigung. Beide konnten bekennen, dass sie ihre Ehen und ihre Familien aufs Spiel gesetzt hatten. Die Ehebrecher versprachen voreinander und vor Gott, die unerlaubten Beziehungen abzubrechen. Es gab Gefühlsergüsse auf beiden Seiten. Schuld, Wut, Reue, Vergebung und schließlich Liebe konnten ausgesprochen und ausgetauscht werden.

Die Zuneigung zueinander wurde erneuert und die fast zerbrochene Beziehung in beiden Ehen wurde wiederhergestellt.

Leider sind heute viele Menschen – auch Christen – so stolz, dass sie auf das schwere Ritual der Vergebung, der gegenseitigen Aussöhnung verzichten. Beziehungen werden abgebrochen. Schließlich sind wir eine mobile Gesellschaft. Der Individualismus wird von Jahr zu Jahr stärker. Wir bilden uns auf unsere Unabhängigkeit etwas ein. Der Austausch, die Sünden und Kränkungen noch einmal gründlich voreinander zu bekennen, unterbleibt. Aber die Wut muss angesprochen werden, die Kränkung muss ans Licht!

Die Verletzer müssen bereit sein, ihre Schuld ehrlich und aufrichtig einzugestehen. Versöhnung muss die gesamte Person erfassen. Wenn sich dann zwei Menschen die Hand reichen, ist der Friede echt. Und das Entscheidende: Wir können uns erinnern, ohne gegen auflebende Bitterkeit ankämpfen zu müssen. Wir können uns erinnern, wir können sogar mit den Verletzern wieder normal Gemeinschaft pflegen.

Kapitel 2:
Unehrliche Entschuldigungen

Im zwischenmenschlichen Zusammenleben, besonders in der Ehe und in der Partnerschaft, spielen unehrliche Entschuldigungen eine große Rolle. Dem einen gehen die Entschuldigungen glatt über die Lippen, der andere tut sich schwer.

Unterschiedliche Persönlichkeitsstrukturen

Es liegt daran, dass wir Menschen grundverschieden sind. Es gibt Männer und Frauen, die reden drauflos. Es schmerzt sie auch kaum, wenn sie sich im Vokabular vergriffen haben. Sie verletzen, ohne es zu merken. Sie kränken und wissen nicht einmal, wann es passiert ist. Ihr Wesen ist unkomplizierter, sie leben lockerer und oberflächlicher. Diese Menschen haben auch große Schwierigkeiten mit anderen, die alles auf die Goldwaage legen, die Worte abwägen und Unbedachtes kaum herauslassen.

Freiheitsliebender

In der Typologie sprechen wir gern von Sanguinikern oder Hysterikern, die sorglos, kindlich und naiv plappern, die das Herz auf der Zunge haben und unbeschwert ihre Gedanken nach draußen befördern. Gibt es Ärger, haben die anderen Pech gehabt. Sind die anderen beleidigt, sind sie prompt und pfeilschnell zu einer Entschuldigung bereit. Die Blitzgedanken und die Entschuldigungen liegen auf einer Linie. Alles geht reibungslos und ohne Nachwirkungen vonstatten.

Petrus im Jüngerkreis hatte etwas von dieser Leichtigkeit. Bei Antworten war er oft der Schnellste. Sowohl Dummheiten wie auch das Christusbekenntnis gingen ihm ohne langes Überlegen von den Lippen. Er wurde von Jesus gelobt, aber er musste auch harte Worte einstecken. „Jesus wandte sich um und sagte zu Petrus: ‚Weg mit dir, Satan, geh mir aus den Augen. Du willst mich zu Fall bringen;

denn du hast nicht das im Sinn, was Gott will, sondern was die Menschen wollen!" (Matthäus 16, 23) Petrus wollte den Herrn von seinem schweren Leidensweg nach Jerusalem abbringen. Petrus, der Mann mit der flinken Zunge.

Ordnungsliebende

Und dann gibt es Menschen, die denken, fühlen und handeln ganz anders. Sie sind hochempfindlich, sagen lieber weniger als mehr. Sie wollen nicht anecken, nicht wehtun, niemand gegen sich aufbringen. Haben sie aber mal einen Fehler gemacht, leiden sie lange und eindrücklich. Ihnen laufen die Dinge nach. Sie grübeln über einen Vorgang – unter Umständen tagelang. Mehrere Male entschuldigen sie sich und fangen immer wieder davon an. Kränkungen und Verletzungen, bewusste und unbewusste, tun ihnen sehr leid. Wir sprechen von melancholischen oder depressiven Persönlichkeiten. Sie sind äußerst gewissenhaft und korrekt. Sie lieben die „reine Wahrheit" und leiden entsprechend unter eigenen und fremden Fehlern und Sünden.

Wie lauten die Entschuldigungen dieser beiden Typen?

Ich greife etwas vereinfacht auf diese beiden Strukturen zurück, obschon in der Realität viel mehr Unterschiede vorkommen.

Der Hysteriker und Sanguiniker könnte sagen:

„Entschuldige bitte, dass ich dich eben angebrüllt habe!"

„Entschuldige bitte, dass du durch mich wütend geworden bist!"

„Entschuldige bitte, ich habe das nicht so gemeint!"

Bleiben wir einen Augenblick bei Menschen, die diese Wesensart stärker spiegeln. Wo versteckt sich die Unehrlichkeit in diesen Aussagen?

Antwort 1: Wenn ich den anderen anbrülle, bin ich wirklich wütend. Ob zu Recht oder Unrecht, ist uninteressant. Bei Menschen mit flinker Zunge kommen solche Ärgerpunkte viel schneller ans Licht. Zwischen der Überlegung und den Lippen besteht nur ein kurzer Weg. Die wütenden Gedanken werden kaum gefiltert. Sie sind da und schon draußen.

18

Häufig ist der Sanguiniker und Hysteriker mit einem gründlichen Menschen verheiratet. Der ist sofort beleidigt und tief verletzt. Er weint oder reagiert betroffen.

Da aber der Sanguiniker mit allen Menschen Frieden haben will, wird die Wutreaktion auf der Stelle in den Friedensruf umgewandelt: „Entschuldige bitte, dass ich dich so angebrüllt habe!" Diese Friedensgeste untergräbt die echte Auseinandersetzung. Diese voreilige Entschuldigung löst keine Probleme. Denn in der Regel verhalten sich beide Partner anschließend lieb und angepasst. Beide kommen auf die Schwierigkeiten, die zwischen ihnen bestehen, nicht mehr zurück.

Antwort 2: Der Partner reagiert auf Vorwürfe oder Kritik wütend. Der Sanguiniker, der zwar ein loses Mundwerk hat, legt aber auf Übereinstimmung und Friedfertigkeit Wert. Er hat zwar eine Mine losgetreten, entzieht aber mit seiner Entschuldigung einem klärenden Gespräch die Grundlage. Auch hier schwelt der Konflikt weiter.
Die Entschuldigung enthält Angst.

Antwort 3: Die dritte Entschuldigung ist erst recht eine Lüge. Wenn derjenige es nicht so gemeint haben will, warum hat er's dann gesagt? Wer den anderen beschimpft, beleidigt oder kränkt, *muss* im Herzen böse Gedanken produziert haben.
Gedanken, Gefühle und Worte gehören zusammen. Was kann der Gekränkte antworten? „Ich will dir die Entschuldigung gern abnehmen, aber wir sollten ernsthaft noch einmal darüber sprechen, worüber du so wütend warst, dass du mir die Bosheit an den Kopf geworfen hast!" Alle Konflikte, die nicht besprochen werden, schwelen weiter und vergiften die Beziehung.

Was wollen wir mit unehrlichen Entschuldigungen bezwecken?

Im Grunde hängen die Spielarten unserer Entschuldigung mit unserem Lebensstil zusammen. Unser Lebensstil verkörpert:

- unser Denken, Fühlen und Handeln;
- die Art, wie wir Konflikte lösen;
- die Art, wie wir Beziehungen pflegen;
- die Verhaltensmuster, die mit Angriff, Rechtfertigung, Rückzug und Angst zu tun haben.

Überprüfen wir einmal unsere Motive! Untersuchen wir einmal unsere unverstandenen Reaktionen! Was wollen wir mit unehrlichen Motiven bezwecken?

- Ich bin schnell mit Entschuldigungen bei der Hand, weil ich *konfliktscheu* bin.
- Ich bin schnell mit Entschuldigungen bei der Hand, weil ich *Angst habe zu widersprechen.*
- Ich habe Angst, *verurteilt* zu werden.
- Ich habe Angst, mein wahres Gesicht *zu zeigen.*
- Ich habe Angst, *Verantwortung* für meine Sicht *zu übernehmen.*
- Ich habe Angst, dass mein Partner lange mit mir schmollt.

Deutlich wird, die Unehrlichkeit hat mit meiner Lebenseinstellung zu tun, mit meinem Lebensstil. Wir haben vergeben, aber die Beziehung erfährt keine Heilung.

Wie kann die Vergebung fruchtbar werden?

Solange wir unsere versteckten unbewussten Motive nicht durchschauen, gehen wir uns selbst auf den Leim. Der Teufel hat ein leichtes Spiel mit uns. Er hat nichts dagegen, dass wir uns als Christen Vergebung zusprechen. Es bleibt alles an der Oberfläche. Ein Scheinfriede kennzeichnet die Beziehung. Im Tiefsten hat sich nichts geändert. Kämpfe, Ablehnung und Unzufriedenheit lodern weiter.

Der Selbstappell, mithilfe des Heiligen Geistes schnell zur Versöhnung bereit zu sein, klingt redlich, ist es aber nicht, wenn nicht an den Störungen gearbeitet wird.

Wir decken die Probleme zu und betreiben – fälschlicherweise – eine zudeckende Seelsorge. Was können beide tun?

1. Jeder der beiden Partner macht sich seine unbewussten Motive klar, die ihn leiten, eine vorschnelle Entschuldigung anzubieten.

   Wozu lenkt er ein?

   Was sind seine Ängste?

   Was will er vermeiden?

   Ist beiden ein verlogener Friede lieber als eine ernste Auseinandersetzung?

2. Jeder freut sich über das Entgegenkommen des anderen, ermtigt ihn aber, noch einmal ehrlich und aufrichtig über Konflikte und Reibungen zu sprechen.

   Was verdrängt wird, arbeitet im Unbewussten weiter. Was verleugnet wird, gibt Zündstoff für neue Schwierigkeiten.

Wir lernen, konkreter zu beten

Jedes ernst gemeinte Gebet ist gut, aber viele Gebete bleiben ohne Wirkung, weil in uns ein widerstrebendes Verhalten die Hilfe Gottes lähmt. Wie kann das konkret aussehen?

Herr Weise kommt in die Seelsorge, weil er seit Monaten unter starken Kopfschmerzen leidet. Der Arzt hat ihm Herzrhythmusstörungen bescheinigt und er kann in der Firma keine schnellen Entscheidungen mehr treffen. „Die Entscheidungsschwäche macht mir am meisten Kopfzerbrechen!", sagt er. Er ist bewusster Christ, liest täglich in der Bibel, hält seine „Stille Zeit" und betet um Gottes Beistand, er möge ihm helfen, schnell zu klaren Entscheidungen zu kommen.

Ich bitte ihn, mir sein Gebet konkret zu formulieren. Herr Weise überlegt nicht lange und wiederholt sein tägliches Gebet: „Herr, dir sind keine Dinge unmöglich. Schenk mir in der Firma die Kraft, Entscheidungen klar und ohne Befürchtungen zu treffen."

Herr Weise betet um ein vordergründiges Problem. Die Entscheidungsschwäche ist das *Symptom*, nicht das Motiv seiner Schwierigkeiten. Im Gespräch arbeiten wir Folgendes heraus:

- Die psychosomatischen Schwierigkeiten bestehen seit vier Monaten. Vorher war er die rechte Hand eines Bauleiters, der durch einen Herzinfarkt plötzlich ausfiel. Über Nacht musste er die gesamte Verantwortung übernehmen. Er geriet in Panik, wenn er an die Verantwortung dachte. Herr Weise ist ein Perfektionist, der keinen Fehler machen darf. Herr Weise ist ein ausgezeichneter Ingenieur, dessen Statiken zuverlässig und stimmig sind. Nur die Verantwortung für Millionenaufträge musste er nicht tragen. Jetzt muss er Tabletten nehmen, um seine Kopfschmerzen in Schach zu halten. Der Körper spielt verrückt. Nachts wacht er schweißnass auf.

- Streng genommen betet er falsch. Er bittet um Kraft, schnell und ohne Befürchtungen Entscheidungen treffen zu können. Im Grunde flieht er vor der Verantwortung, die ihm zu schwer ist.
- Als er seine Fehleinschätzung erkannte und die Firmenleitung bat, einen anderen Bauleiter zu suchen und er wieder seine alte Funktion als zweiter Mann einnehmen konnte, verschwanden in acht Wochen alle seine Symptome.

Viele Gebete sind unwirksam, ja, nutzlos, weil wir um Heilung von Symptomen beten, die eigentlichen Motive im Hintergrund aber nicht erkennen. Wir bitten Gott um Hilfe, unterlaufen aber mit der Angst vor Verantwortung seinen Beistand. Herr Weise muss nicht Entscheidungsfähigkeit trainieren, sondern seinen Perfektionismus abbauen und seine damit verbundene Verantwortungsscheu überwinden.

Leider lassen sich viele Seelsorger von vordergründigen Problemen irritieren und helfen damit dem Ratsuchenden nicht.

Kapitel 3:
Reue – Buße – Vergebung

Alle drei Aspekte spielen in der Seelsorge eine Rolle. Vergebung ist ein vielschichtiger Prozess. Wirkliche Buße, wirkliche innere Umkehr ist ein Segen. Reue, die aus Angst, aus Verzweiflung und aus Mitleid für den anderen geschieht, ist eine Sackgasse.

Buße ist *Umkehr* zu Gott.

Buße ist *Abkehr* von falschen Wegen und Hinwendung zu Gott.

Buße ist *erneuertes* Denken und Handeln.

Buße ist *Bekehrung*, wie es die Pietisten formuliert haben.

Reue und Buße – der Unterschied

Der Theologe und Therapeut David Seamands hat den Unterschied in einem Bild verdeutlicht:

„Die folgende Geschichte soll uns den Unterschied veranschaulichen. Ein Flugzeug, von Rom kommend, bekommt über den Alpen Schwierigkeiten mit dem Motor. Drei oder vier Motoren fallen aus. Fast 12.000 Liter Treibstoff werden im Notwurf abgelassen, um eine mögliche Explosion zu verhindern. Ein Komiker sitzt in der vorderen Reihe neben einem Kaplan, der leise betet. Der Komiker reißt Witze, um seine Mitpassagiere abzulenken. Schließlich muss dass Flugzeug auf einem Heufeld notlanden. Als alle sicher auf dem Boden sind, wendet sich der Komiker an die noch vor Angst wie versteinert dasitzenden Passagiere und frotzelt: ‚Nun, meine Damen und Herrn, jetzt können Sie alle wieder zu Ihren schlechten Gewohnheiten zurückkehren, die Sie vor zwanzig Minuten aufgeben wollten.'"[3]

Ein ironisches Beispiel für falsche Reue, für Buße, die nicht ernst zu nehmen ist.

Sie kommt aus der Angst, ist kurzlebig und vorübergehend. Paulus drückt es so aus: „Die göttliche Traurigkeit aber wirkt zur Seligkeit eine Reue, die niemand gereut." (2. Korinther 7, 10)

23

Reue in Form eines schlechten Gewissens, Reue in Form eines vorübergehenden Bedauerns, Reue, die uns gute Absichten vorgaukelt und ein befriedigendes moralisches Gefühl vermittelt, hat mit innerer Umkehr nichts zu tun. Noch einmal David Seamands:

„Es ist wie bei jenem Mann, der in einem Brief an das Finanzamt schrieb: ‚Sehr geehrte Damen und Herren, ich kann nicht mehr schlafen. Mein Gewissen quält mich. Hier schicke ich Ihnen einen Scheck über 100 DM. Wenn ich danach immer noch nicht schlafen kann, erfolgt ein weiterer Ausgleich.‘"[4]

Reue, die nur einen Augenblick Tränen produzieren lässt, die das Gewissen einschläfert und die den ganzen Menschen wieder ruhig schlafen lässt, hat nichts mit Buße und wirklicher Umkehr zu tun.

Buße ist ein Gesinnungswandel

Buße ist mehr als ein guter Vorsatz. Sie bedeutet eine völlige Sinnesänderung.

Die Geschichte vom „Verlorenen Sohn" (Lukas 15) ist dafür ein gutes Beispiel. Er zog kein Theater ab. Er heulte nicht wehleidig vor sich hin und erzählte allen, die es hören oder nicht hören wollten, dass er vielleicht nach Hause zurückkehren würde. Er schlug in sich. Er machte sich auf den Weg. Er setzte seine Reue in die Tat um.

Nur die Tat zählt. Reue, die zur Tat schreitet, ist ernst zu nehmende Buße. Sie ist Revolution des Denkens und Verhaltens. Buße ist der Gesinnungswandel eines Menschen. Der gesamte Mensch macht eine Kehrtwendung. Er sagt zu Gott ja und zur Sünde Nein.

Unsere Gefühle können uns dabei einen gewaltigen Streich spielen. Stellen Sie sich vor, der verlorene Sohn hätte auf seine Gefühle gehört.

„Der Vater schließt die Tür und jagt dich zum Teufel!"

„Der saubere Bruder triumphiert und du stehst in Lumpen vor ihm."

„Deine Kumpane schimpfen dich einen Feigling und Kriecher."

„Deine Freundinnen haben nur noch ein müdes Lächeln für dich über."

Buße ist ein Willensakt und keine Gefühlsduselei. Sie hört nicht auf Gefühle mit ihren tausend Wenn und Aber.

Müssen wir vergeben, ohne dass der andere Buße tut?

Zweifellos ist es leichter zu vergeben, wenn der andere mir entgegenkommt. Ist der andere der Hauptschuldige, wie wir menschlich gern feststellen, und er bittet sein Gegenüber um Vergebung, fällt es dem Betroffenen leichter, auch seinerseits die Vergebung auszusprechen.

Aber eine Bedingung ist es nicht. Das schreibt auch Hans Joachim Heil:

„Diese Aufforderung zur Vergebung ist nicht unbedingt an eine vorausgehende Umkehr geknüpft. Die meisten biblischen Aussagen bringen eine solche Vorbedingung nicht, sondern stellen eine andere Verknüpfung her: Die Vergebung, die wir gewähren, soll von derselben Qualität sein wie die Vergebung Gottes, um die wir bitten. Im Vaterunser beten wir: ‚... wie auch wir vergeben unseren Schuldigern.' Stephanus betete: ‚Herr, rechne ihnen diese Sünde nicht zu!' (Apostelgeschichte 7, 60) Jesus bat für seine Feinde: ‚Vater vergib ihnen; denn sie wissen nicht, was sie tun.' (Lukas 23, 24) Jesus unterstellt hier ausdrücklich, dass keine Einsicht in die Sünde bzw. das Fehlverhalten vorliegt."[5]

Ich denke an den sexuellen Missbrauch. Häufig kommt keine Entschuldigung vom Täter. Indem wir vergeben, verzichten wir auf Forderungen. Vergebung muss gewährt werden, auch wenn keine Schuldeinsicht erkennbar und keine wirkliche Reue vorhanden ist. Warum ist das so? Das griechische Wort für Vergebung meint: lassen, loslassen, entlassen, fortlassen. Es ist ein Wort aus der Rechtssprache. Es bedeutet: Ich entlasse den anderen aus der Verpflichtung, mir die Schulden zu bezahlen; dieser Schritt ist mit einem Rechtsverzicht von meiner Seite verbunden. Es heißt auch: Die Schuld des anderen ist nicht aufgehoben, sondern wird auf einen Dritten übertragen. Die Schulden sind ja nicht einfach vom Tisch gefegt. Aber ich habe meinen Anspruch aufgegeben.

Auch das gehört zur Vergebung: Wir befreien uns von der Fessel des anderen. Wir geben ihn frei. Auch wir entlasten uns. Auch wir befreien uns von Bitterkeit, Hass und Rachegedanken.

Vergebung bedeutet eine Lebensstilkorrektur

Was ist der Lebensstil?

Er umfasst mein Denken, Fühlen und Handeln.

Er enthält meine Welt- und Glaubenseinstellung.

Er spiegelt meine Fehler und Schwächen, meine Stärken und guten Seiten wider.

Der Lebensstil ist der Inhalt meiner Überzeugungen, meiner Vorurteile und meiner Grundsätze. Wie gesagt: Es sind positive und negative darunter.

Wenn Vergebung eine Gesinnungsänderung bedeutet, dann ist damit auch eine Lebensstilkorrektur verbunden, ein Kurswechsel im Denken und Handeln.

Ein schönes Beispiel liefert uns Petrus: „Da trat Petrus zu ihm und fragte: Herr, wie oft muss ich meinem Bruder vergeben, wenn er sich gegen mich versündigt? Siebenmal? Jesus sagte zu ihm: Nicht siebenmal, sondern siebzigmal siebenmal." (Matthäus 18, 21.22)

Vergebung ist ein langwieriges Geschäft. Vergebung rechnet mit Rückfällen. Sie lässt sich nicht durch wiederholte Sünden vom Wege abbringen.

Vergebung stellt auch keine Bedingungen:

„Ich vergebe dir das, *wenn* du mich ab sofort nicht mehr belügst."

„Ich vergebe dir das, *wenn* du sofort den Kontakt zur Drogenszene abbrichst!"

„Ich vergebe dir das, *wenn* du dich auf der Stelle änderst!"

„Ich vergebe dir das, *wenn* du jetzt nicht mehr trinkst!"

„Ich vergebe dir das, *wenn* du versprichst, dieses Flittchen nie mehr zu sehen!"

Das sind verständliche Absichten und fromme Wünsche. Aber sie engen die uneingeschränkte Vergebungsbereitschaft ein.

Vergebung ist ein Kurswechsel.

26

Vergebung ist eine Lebensstilkorrektur.

Das heißt, nicht nur äußerlich werden neue Umgangsformen praktiziert, nicht nur formal werden neue Töne hörbar, sondern die grundlegende Lebenseinstellung hat eine Kehrtwendung vollzogen.

Vergebung bedeutet:

Ich *will* – mit Gottes Hilfe – dir vertrauen, auch wenn im tiefsten Herzen immer wieder Fragezeichen aufbrechen.

Ich *will* dir glauben, auch wenn zig Enttäuschungen aus der Vergangenheit es mir schwer machen.

Ich *will* Frieden mit dir schließen, auch wenn der Unfriede noch nicht abgestreift ist.

Ich ziehe meine ausgestreckte Hand nicht zurück.

Ich bleibe auf dem Wege zu dir hin.

Die Seelsorger und Therapeuten Jan und David Stoop haben die folgenden Gedanken auf Eheleute gemünzt:

„Jede Änderung im Verhalten ist ein vollzogener Schritt in Richtung auf das erstrebte Ziel. (…) Obwohl wir nicht vergessen was war, denken wir einfach nicht mehr so oft an die Vergangenheit. Wenn wir an dem Punkt angelangt sind, merken wir, dass Vergebung ein Prozess ist, ein Lebensstil. Und jeder vollzogene Schritt in diesem Prozess vereinfacht den folgenden Schritt, denn der Prozess der Vergebung ist lohnend. Gesunde Ehen, die sich weiterentwickeln, beruhen auf diesem Prozess."[6]

Vergebung ist mehr als ein bisschen Symptomkosmetik.

Vergebung ist mehr als eine billige Entschuldigung.

Vergebung ist eine Lebensstilkorrektur. Sie sollte den ganzen Menschen erfassen.

Was geschieht mit unseren Gefühlen?

Gefühle spielen im Leben eine große Rolle. Gefühle spielen in der Liebe, im Glauben und bei der Vergebung ein entscheidendes Wörtchen mit.

Da ist Herr Lange, ein biederer und treuer Mann. Er arbeitet seit Jahren in der Kirchengemeinde mit. In der Woche ist er abends mit vielen Gemeindeaufgaben betraut. Seine Frau war einsam und fühlte sich im Stich gelassen. Und dann geschah es, dass sie sich mit einem Nachbarn sexuell einließ. Die Sache kam ans Licht, und Herr Lange war wochenlang wie gelähmt.

Aber als bewusster Christ konnte er seiner Frau vergeben. Herr Lange reduzierte seine Mitarbeit in der Gemeinde etwas und war für seine Frau vermehrt zu sprechen.

Eines Tages erschien er in der Beratung. Er wirkte niedergeschlagen, sprach leise und zupfte an seinen Händen herum.

„Ich dachte, ich hätte meiner Frau vergeben, aber meine Gefühle spielen verrückt. Wenn ich den Nachbarn sehe, habe ich das unbestimmte Gefühl, er macht sich über mich lustig. Ich werde das Gefühl nicht los, er verzieht sein Gesicht zum Grinsen. Am liebsten möchte ich dreinschlagen. Ich verbiete es mir als Christ. Und ich schäme mich. Wie kann ich meine Gefühle unter Kontrolle bringen?"

Wir können Gefühle der Bitterkeit, der Eifersucht und der Rache nicht einfach totschweigen. Aber was können wir tun?

David Seamands unterscheidet im Rahmen der Vergebung zwei wichtige Arbeitsgebiete. Das, was der Mensch tun muss und das, was Gott tut: „Die Bereitschaft zu vergeben bedeutet, dass wir nicht an unseren Gefühlen festhalten, sondern neue annehmen. Bitte merken Sie sich, dass ich nichts über den Inhalt der Gefühle gesagt habe, sondern über unseren Entschluss, der Person zu vergeben. Vom menschlichen Standpunkt aus ist der Wille zu vergeben unsere einzige Aufgabe."[7]

Unser Wille ist gefragt, nicht unsere Gefühle. Jesus fragt den Kranken: „Willst du gesund werden?" (Johannes 5, 6) Jesus fragt nicht nach den Gefühlen des Kranken. Die hätten ihm wahrscheinlich tausend Wenn und Aber beschert.

Gott verändert unsere Gefühle

Der Ratsuchende fragt: „Wie kann ich meine Gefühle unter Kontrolle bringen?"

Wie können wir die Gefühle, die unsern Willen untergraben, überwinden? Wie gehen wir mit den Gefühlen um, die uns Eifersucht, Bitterkeit, Traurigkeit und Scham bescheren? Seamands bleibt konsequent:

„Aber muss ich diese schrecklichen Gefühle gegen diese Person nicht irgendwie überwinden? Nein, das ist Gottes Rolle, nicht Ihre. Wir müssen Gottes Gebiet verlassen. Der Grund, warum der Herr sagt: ‚Die Rache ist mein; ich will vergelten' (Römer 12, 19), liegt darin, dass wir Gottes Gebiet betreten, wenn wir versuchen uns zu rächen. Wir wollen dann das Vorrecht, das nur Gott zusteht, ausüben. Wir wollen dadurch die Dinge in die Hände nehmen und etwas zu *unserer* Angelegenheit machen, was nur seine ist. Genauso ist es, wenn wir jemandem vergeben wollen und dann versuchen, unsere Gefühle ihm gegenüber zu ändern. Wir brechen dann die göttliche Arbeitsteilung und versuchen etwas zu tun, was nur Gott tun kann."[8]

Wir können unsere Gefühle nicht verändern. Ärger, Neid, Bitterkeit, Rachegefühle und Aggressionen sind Empfindungen, die uns schwer zu schaffen machen. Vergebung ist ein Willensakt.

Ich *will* vergeben.

Ich *will* dir dein Vergehen nicht nachtragen.

Ich *will* den Entschluss jetzt fassen.

Über unsere Gefühle haben wir keine Macht. Wie sagte ein kluger Theologe: „Sie können Ihren Willen per Eilexpress schicken, aber ihre Gefühle kommen meist später als Frachtgut."

Das hat die holländische Evangelistin Corrie ten Boom erlebt. Sie sprach nach dem Zweiten Weltkrieg in Deutschland. Sie hatte bittere KZ-Erfahrungen gemacht. Sie sprach immer wieder darüber, dass sie ihren Peinigern im KZ vergeben hatte.

Und dann sprach sie in München. Eine große Zuhörerschaft im Saal. Und plötzlich erkannte sie in der Menge einen SS-Offizier wieder, der damals in Ravensbrück die Aufsicht hatte und den Frauen dort übel mitspielte. Ein Schurke und ein Verbrecher.

Plötzlich überkamen sie schreckliche Erinnerungen: Sie war mit vielen nackten Frauen im Duschraum. Sie hörte wieder die johlenden Männer. Mit ihrer Schwester den Peinigern ausgeliefert. Rachsüchtige Gefühle kamen in ihr hoch. Sie hatte den vielen Übeltätern vergeben, aber diesem Schurken konnte sie nicht vergeben. Und dann kam dieser Mann auch noch auf sie zu: „Vielen Dank für Ihre Botschaft. Ich glaube was Sie sagen, dass Gott mir vergeben und meine Sünden abgewaschen hat."

Er streckte seinen Arm aus, um ihre Hand zu schütteln. In Corrie ten Boom sträubte sich alles. Ihre Hassgefühle überrollten sie. Sie fühlte nichts, nicht einmal einen Funken Mitleid. Aber Gott flüsterte in ihr Herz: „Streck' einfach deine Hand aus, Corrie. Das ist alles." Die Evangelistin atmete tief durch und streckte ihm die Hand entgegen.

Und dann erlebte sie etwas Wunderbares. Es war, als ob ein elektrischer Strom ihre Schulter und ihren Arm bis in die Hand durchflutete. Der Zorn zerschmolz. Die Rachegefühle verloren sich und ein tiefes Gefühl der vergebenden Liebe durchströmte sie. Sie sagte: „Ich musste Gott gehorchen und meine Hand ausstrecken. Er tat den Rest."

Wir müssen gehorchen. Gott tut den Rest. Das ist die Antwort auf Gefühle, die uns plötzlich umwerfen. Rachegefühle, Eifersucht und Aggressionen stammen nicht von Gott. Der Wille zur Vergebung ist seine Forderung an uns. Alles andere überlassen wir ihm.

Er will nicht, dass wir uns schuldig fühlen.

Er will nicht, dass wir uns verurteilen.

Er will nicht, dass wir uns von Gefühlen hin- und hertreiben lassen.

Wenn wir uns ihm ausliefern, wird er uns vom Scheitel bis zur Sohle erneuern.

Worte über Vergebung und Versöhnung

„Liebe deckt alle Vergehen zu."   *Sprüche 10, 1*

„Vergib stets deinen Feinden. Nichts ärgert sie so."
Oscar Wilde

„Hast du gesündigt, so tu's nicht mehr, und wegen des Vergangenen bete um Vergebung."   *Sirach 21, 1*

„Mit der Beichte wird uns von Gott eine gnadenvolle Möglichkeit gegeben, Stärkung, Trost, Vergebung, Heilung, Hoffnung, Freude zu haben. Dieses Angebot sollte niemand ausschlagen."   *Kurt Scherer*

„Wenn euch jemand unrecht tut, dann zahlt es ihm nicht mit gleicher Münze heim."   *Paulus, Römer 12, 17*

„Verzeihen hat auch nichts mit vergessen zu tun. Eine verletzte Person kann nicht – und sollte natürlich auch nicht – auf die verblassende Erinnerung als Allheilmittel hoffen. Im Gegenteil, das Vergangene muss erinnert, in die richtige Perspektive gerückt und neu durchlebt werden. Ohne Erinnerung kann keine Verletzung überwunden werden."
Beverly Flanigan[8a]

„Wenn ihr beten wollt und ihr habt einem anderen etwas vorzuwerfen, dann vergebt ihm, damit auch euer Vater im Himmel euch eure Verfehlungen vergibt."   *Jesus, Markus 11, 25*

„Vergebung ist die wichtigste und die großartigste Sache der Welt. An der Frage, ob ein Mensch in seinem Leben Vergebung erfahren hat, entscheidet sich, ob sein Leben in den Augen Gottes gelungen ist oder nicht."   *Jay E. Adams*

„Alle haben mich im Stich gelassen. Gott möge es ihnen nicht anrechnen!"   *Paulus, 2. Timotheus 4, 16*

Worte über Vergebung und Versöhnung

„Schuld ist etwas so Allgemeines wie die Sonnenfinsternis: Sie gilt für jeden. Die einzige Möglichkeit, ihr zu begegnen, liegt darin, sie anzunehmen, sie zu übernehmen und sie sich vergeben zu lassen."   *Siegfried Lenz*

„Wo die Vergebung ihr volles Maß erreicht, dort übersteigt Gottes Liebe alles Maß."   *Paulus, Römer 5, 20*

„Der Vergebende fragt nicht ängstlich: Wird er auch? Er hat den Mut, wenn es nötig ist, den ganzen Weg zu gehen zum grollenden Bruder und ihm die Hand zu reichen." *Ralf Luther*

„So bitten wir nun an Christi statt: Lasst euch versöhnen mit Gott."   *Paulus, 2. Korinther 5, 20*

„Ich möchte Ihnen an einem Bild zeigen, was Versöhnung bedeutet. Zeichnen Sie es doch mit Ihrem Herzen und Denken nach. In meiner Sprache, in Massai, hat das Wort ‚Versöhnung' eine sehr tiefe Bedeutung. Im Bauch einer schwangeren Frau wächst ein Kind heran. Die Verbindung von Mutter und Kind, die Nabelschnur, heißt bei uns ‚Osotwa'. Dasselbe Wort wird auch gebraucht, wenn Menschen, die Feinde waren, sich versöhnen und zueinanderfinden. Die Nabelschnur sorgt dafür, dass das Kind Nahrung und Luft von der Mutter bekommt. Genauso ist es mit uns. Das Wort der Versöhnung, das Jesus Christus ist, ist diese Nabelschnur zwischen uns und unserem himmlischen Vater. Solange diese Nabelschnur uns verbindet, leben wir."

Ein afrikanischer Pastor aus Tansania

„Wenn wir versöhnt sind durch den Tod seines Sohnes, als wir noch Feinde waren, um wie viel mehr werden wir selig werden durch sein Leben, nachdem wir nun versöhnt sind."

Paulus, Römer 5, 10

Worte über Vergebung und Versöhnung

„Versöhnung – das ist
- mehr als ein Kompromiss nach dem Streit,
- mehr als ein Mittelweg trotz gegensätzlicher Standpunkte,
- mehr als ein Arrangement mit Augenzwinkern,
- viel mehr als eine vorläufige Zwischenlösung oder ein erpresstes Versöhnungs-Zugeständnis.

Versöhnung – da hat einer hat aufgehört zu sagen: Du bist schuld. Und das hat Konsequenzen." *Luise Müller*

„Wenn wir unsere Sünden bekennen, so ist er treu und gerecht, dass er uns die Sünden vergibt und uns reinigt von aller Ungerechtigkeit." *Johannes, 1. Johannes 1, 9*

„Wenn Wissen unser größtes Bedürfnis wäre, hätte Gott uns ein Universalgenie geschickt. Wenn Technologie unser größtes Bedürfnis wäre, hätte Gott uns einen Technik-Wissenschaftler geschickt. Wenn Geld unser größtes Bedürfnis wäre, hätte er uns einen Ökonomen geschickt. Wenn Unterhaltung unser größtes Bedürfnis wäre, hätte Gott uns einen Unterhaltungskünstler geschickt. Aber so, da Vergebung unser größtes Bedürfnis ist, schickt er uns einen Erretter."
Norman Rentrup in einem Pfingstgottesdienst in New Orleans

„Gott handelt nicht mit uns nach unsern Sünden und vergilt uns nicht nach unserer Schuld. Denn so hoch der Himmel über der Erde ist, so hoch ist seine Gnade über denen, die ihn fürchten. So fern der Aufgang ist vom Niedergang, so fern tut er unsere Übertretungen von uns." *David, Psalm 103, 10-12*

„Viele schämen sich nicht zu sündigen, aber sie schämen sich, um Verzeihung zu bitten." *Augustin*

Worte über Vergebung und Versöhnung

„Petrus trat zu Jesus und fragte ihn: Herr, wenn mein Bruder an mir schuldig wird, wie oft muss ich ihm verzeihen? Siebenmal? Nein, nicht siebenmal, antwortete Jesus, sondern siebzigmal siebenmal."   *Matthäus 18, 21.22*

„Vermittler sein, zwischen den Welten hin und her gehen, von beiden Seiten ernst genommen werden – genau dies meint das Neue Testament, wenn es Christus als unseren ‚Hohenpriester' bezeichnet. Denn ‚priestern' bedeutet vom Alten Testament her ‚vermitteln'. Im Unterschied zum Generalsekretär der Vereinten Nationen geht es bei Christus aber nicht um eine diplomatische Mission zur Verhinderung des Schlimmsten, sondern um die Versöhnung von Gott und Mensch."   *Michael Stollwerk*

Kapitel 4:
Schuld und Schuldgefühle

Schuld und Schuldgefühle spielen in Seelsorge und Beratung eine große Rolle. Schuld ist real, Schuldgefühle haben oft einen irrealen Bezug.

Der Unterschied zwischen Sünde und Schuld

Sünde bedeutet, abgeleitet vom Griechischen: Verirrung, Abirrung vom Wege oder Verfehlung eines Ziels. Immer geht es um:

- die Verfehlung des von Gott gesteckten Zieles,
- die Auflehnung gegen Gott,
- Zerstörung der menschlichen Gemeinschaft (Brudermord, Gewalt, Verbrechen),
- schuldhaften Ungehorsam,
- um das Seinwollen wie Gott,
- die Abwendung vom Vaterhaus Gottes,
- die Selbstherrlichkeit des Menschen,
- und um einen menschlichen Irrtum.

In allen Religionen, im Humanismus, im Atheismus, im Kommunismus arbeiten die Instanzen mit Anklage, Schuld, Schuldnachweis, Strafe und Rechtfertigung.

Ständig wird im Leben die Frage nach der Schuld gestellt. Wenn Sie von Ihrer Bank die Bankauszüge bekommen, wandern Ihre Augen ständig über zwei Spalten „Soll" und „Haben". „Soll" ist der Ausdruck, der wortgeschichtlich mit Schuld zusammenhängt.

Mein Soll ist meine Schuld,
mein Soll ist das, was ich schuldig bin,
mein Soll ist das, was ich schuldig geblieben bin.

Darum kennzeichnet die Schuld das,

- was ich *tun sollte*,
- was ich *getan haben sollte*,
- was ich *nachholen sollte*.

Schuld ist auch der Ausdruck für gestörte Beziehungen. Warum?
In der Mehrheit der Fälle haben Schuld und Schuldgefühle mit Beziehungsstörungen zu tun. Immer sind die anderen betroffen. Wie wird sie erlebt:

- in Form von Lieblosigkeit,
- in Form von Eigennutz,
- in Form von Rücksichtslosigkeit,
- in Form von Ungeduld,
- in Form von Hartherzigkeit,
- in Form von Lügen,
- in Form von Betrug,
- in Form von Verschlossenheit,
- in Form von Schweigen,
- in Form von Rache?

Diese Dinge können andere Menschen betreffen, sie können Gott betreffen, sie können auch beide Seiten betreffen.

Sünde bringt den Tod mit sich. Damit ist die Sünde mehr als eine schlechte menschliche Verhaltensweise. Sünde ist immer Schuld. Es ist daher unbedeutend, ob es sich um willentliche oder irrtümliche, um unbewusste oder bewusste Schuld handelt. Sünde ist Frontstellung gegen Gott. Der Mensch hat seine Aufgabe als Geschöpf Gottes verfehlt.

Schuldgefühl und Gewissen

Immer wieder begegnen uns Menschen, die mit bedrückenden Schuld*gefühlen* herumlaufen. Sie bauschen kleine Fehler und Vergehen auf und steigern sie zu fürchterlichen Sünden und tadeln sich wegen ihrer schweren Vergehen. Sie tragen eine betonte Zerknirschung zur Schau und legen sich zum Teil harte Strafen und Bußhandlungen auf. Solche Menschen mit *neurotischen* Schuldgefühlen haben in der Regel ein überempfindliches Gewissen. Schuld und Gewissen hängen eng miteinander zusammen.

Wie entwickelt sich die Stimme des Gewissens? Die Gewissensbildung geschieht in der frühen Kindheit am nachhaltigsten. Sie beginnt mit der Geburt des Kindes und ist weitgehend am Ende der Pubertät abgeschlossen. Ein funktionierendes Gewissen, ein tadelloser Charakter oder ein schwaches Gewissen sind vielfach die Folgen einer gelungenen oder gescheiterten Gewissens- und Gesinnungsbildung der ersten Lebensjahre. Eltern, Schule und Umwelt wirken auf das Gewissen ein, prägen, gewöhnen, verwöhnen, hemmen, stärken und beeinflussen es.

Das überempfindliche Gewissen –
neurotische Schuldgefühle

Was zieht das Kind für Schlüsse aus den biologischen Gegebenheiten und der Umwelt? Wie verarbeitet das Kind die Einflüsse von Familie und Umgebung? Das Kind verwendet eine außerordentlich schöpferische Aktivität darauf, seine Eingliederung in die Gruppe zu versuchen, seine Entscheidungen zu treffen, seine spezielle Rolle zu finden. Aus den Wechselbeziehungen mit Eltern, Geschwistern, Großeltern und Pflegepersonen entwickelt sich der Charakter des Kindes. Auf diesem Hintergrund entwickelt sich auch ein persönliches Gewissen, das Schuld und Schuldgefühle individuell widerspiegelt. Ein scharfes und waches Gewissen ist gut, ein *über*scharfes und *über*waches Gewissen ist krankhaft. Der Neurotiker läuft mit einem *über*sensiblen Gewissen herum. Fehler und Geschehnisse, die nichts mit Sünde zu tun haben, werden zu Sünden gestempelt. Unterlassungen werden mit harten Selbstvorwürfen beantwortet.

Bsp Da ist ein zwanzigjähriger Mann, er leidet unter Zwangsgedanken und erdrückenden Schuldgefühlen. Er hat eine tief gläubige Mutter, die ihn sorgfältig erzogen hat. Mit sechs Jahren hat sie ihn erwischt, wie er ein Spielzeugauto aus dem Kindergarten mit nach Hause gebracht hat. Die Mutter schlägt ihn nicht, aber sie weint vor dem Kind hemmungslos über den Diebstahl des Jungen. Einige Tage bekommt er keinen Gutenacht-Kuss. Der Junge hat die Trauer der Mutter über sein gewissenloses Tun nicht vergessen und erinnert sich in allen Einzelheiten an das Geschehen.

Nach der Konfirmation stellen sich mehr und mehr Schuldgefühle ein. Er hat einem Mann aus Versehen einen falschen Weg gezeigt, er kann einige Nächte nicht schlafen. Beim Kaufmann wollte er versehentlich ein Brot mit einer falschen Münze bezahlen. Er hat dem Kaufmann einen langen Entschuldigungsbrief geschrieben. Er hat dem Pfarrer und dem Lehrer seine „Schuld" gebeichtet. Er ist *über*-gewissenhaft und *über*moralisch.

Da ist ein junges Mädchen, das unter der Vorstellung leidet, Gott, Jesus und den Heiligen Geist zu lästern. Es ist tief gläubig, wird nur von der panischen Angst getrieben, es *könnte* eine Lästerung aussprechen. Selbstverständlich hat es noch nie eine ausgesprochen. Auch mir wagt es die Lästergedanken nicht zu sagen. Sie glaubt, sie wäre vom Teufel besessen.

Nein, sie ist eine gläubige Frau. Nur ihre Ängste sind krankhaft groß, sie *könnte* sich vergessen.

Beides sind Skrupulanten. Skrupulus heißt Steinchen. Aus einem winzigen Steinchen werden Felsblöcke gemacht. Sie machen aus Mücken Elefanten.

Der Skrupulant ist *über*ängstlich, *über*moralisch, *über*sittlich.

Das Wort „über" kennzeichnet die Übertreibung. Der Skrupulant macht dem Seelsorger mit seinen Zweifeln, seinen Selbstvorwürfen und seinen übertriebenen Schuldgefühlen das Leben schwer. Belastete machen sich und anderen das Leben schwer.

Die Menschen beichten einen Augenblick erleichtert, dann kommen neue Zweifel:

- „War ich auch echt in der Beichte?"
- „War der Seelsorger auch wirklich gläubig?"
- „Folge ich Jesus konsequent nach, wo ich doch wieder rückfällig geworden bin?"
- „Bin ich vielleicht verworfen?"

Unbewusst wird dieser Mensch zum Pharisäer. Er glaubt tiefer, seine Heiligung ist gründlicher, er bereut stärker und er nimmt seine Sünde ernster.

Lebensangst und Schuldgefühle

Wahrscheinlich beginnt unser Erdendasein mit Angst. Wenn der Säugling vor Angst aufschreit, ist er geboren. Das Leben beginnt mit einem Schrei und mit Schreck. Und die ängstigenden Einflüsse setzen sich fort. Die ganze Welt muss als Angst einflößend gesehen werden. Nur die Mutter ist der bergende Hort. Der Säugling klammert sich an die Mutter. Die Trennung von der Mutter wird als *die* Bedrohung angesehen. Trennungsangst, Dunkelangst, viele Kinderängste und Verlassenheitsangst können hier geboren werden.

Und wie entwickelt sich Lebensangst? Ein Mensch weicht den Lebensaufgaben aus. Er überlässt sie anderen. Das Kind lernt sich zu drücken. Der Mensch *benutzt* seine Angst, um vor Aufgaben, Wegen, Freundschaften und Bindungen, vor Menschen und vor der Verantwortung zu fliehen.

Da ist eine junge Frau, sie ist von der Mutter verwöhnt, betreut, verplant, gelenkt und geleitet worden. Das Kind und die spätere junge Frau haben mitgespielt. Die Tochter ist unselbstständig und lebensängstlich geworden. Sie hat sich nichts zugetraut. Keine Entscheidung wird von ihr allein verantwortet. Als die Mutter plötzlich stirbt, ist sie hilflos, lebensuntüchtig und überängstlich. Sie kommt in ein Heim und muss begleitet, betreut und angeleitet werden. Erst nach zwei langen Jahren der Betreuung, der Seelsorge und Therapie ist sie in der Lage, einigermaßen selbstständig ihr Leben zu meistern.

Wie geht der Mensch mit Schuld um?

Wir Menschen – auch wir Christen – haben ein raffiniertes Abwehrsystem entwickelt, um mit Schuld fertig zu werden. Die Psychologie spricht von Abwehrmechanismen, von Abwehrmethoden und Selbstschutzbehauptungen. Es handelt sich also um eintrainierte Bewältigungsmethoden, mit dem Leben besser zurechtzukommen. Unangenehme Dinge werden verschoben, aus dem Gedächtnis gestrichen. Welche Abwehrmethoden spielen eine Rolle?

1. Verdrängung und Verleugnung. Ein belastendes Ereignis, beispielsweise eine Abtreibung oder ein Ehebruch, ein Diebstahl oder das Verlassen eines Partners, üble Nachrede, Vernachlässigung der Kinder usw. werden als reale Schuld erlebt. Aber der Mensch verdrängt die Sünden. Er lässt sie vor seinem Gewissen nicht zu. Er will sie nicht wahrhaben und bringt sie in seinem Gedächtnis zum Verschwinden.

Die Folgen können sein: Depressionen. Schuldgefühle und Depressionen sind fast immer eng miteinander verknüpft.

Nicht selten treten Zwangsmechanismen auf. Jemand hat das unbestimmte Gefühl, er muss sich zwanzig bis fünfzig Mal am Tag die Hände waschen. Vielleicht versucht er, seine Schuld abzuwaschen.

Fachlich sprechen wir vom Organdialekt, von der Organsprache. Der Organismus meldet sich mit einem bestimmten Organ zu Wort. Schon im Alten Testament heißt es in einem Psalm: „Als ich es wollte verschweigen, da verschmachteten meine Gebeine" (meine Organe). (Psalm 32, 3)

2. Das Sündenbockdenken – die Projektion. Der Schuldige projiziert seine Schuld in einen anderen hinein. Er übernimmt nicht selbst die Verantwortung, sondern schiebt sie ab. Er sucht einen Sündenbock.

Mit dem Sündenfall praktizieren Adam und Eva dieses Muster. Gott fragt den Adam, was er gemacht hat. Und augenblicklich fällt ihm die schöne Ausrede ein: „Nein, ich war's nicht, sondern die Frau, die du mir gegeben hast."(1. Mose 3) Zwei Lügen in einem Satz.

Das Ungeheuerliche ist: Adam glaubt offensichtlich an diese Rechtfertigung.

Eva macht es ebenso. Sie schiebt die Schuld auf die Schlange, die sie verführt hat. Beide halten ihren Kopf nicht hin, beide wehren ihre Verantwortung ab. Dieser Lieblings-Abwehrmechanismus wird bis heute ständig benutzt.

3. Die Rationalisierung – die Ausrede. Gemeint ist die Selbstrechtfertigung, die Ausrede. Der Mensch geht auf Alibisuche.

Schon kleine Kinder finden teuflisch gut Entschuldigungen und Ausreden, wenn sie gestellt werden.

„Ich hatte unterwegs dauernd rote Ampeln, darum bin ich zu spät gekommen!"

„Ich bin sitzen geblieben, weil der Lehrer mich nicht leiden kann."

„Ich habe die Prüfung nicht geschafft, weil an dem Tage Föhnwetter war. Ich konnte mich nicht konzentrieren."

„Hätten mich meine Eltern strenger angefasst, würde ich im Leben nicht scheitern."

Die Rationalisierung ist ebenfalls eine beliebte Methode, Schuld abzuwehren.

4. Die Verkehrung ins Gegenteil. Schuld kann auch abgewehrt werden durch ein entgegengesetztes, besonders moralisches Verhalten. So war der bedeutende Psychoanalytiker Alexander Mitscherlich der Meinung, dass die Deutschen ihre Schuld nach dem Kriege durch besondere Tüchtigkeit, durch besondere Leistungen und besondere Sauberkeit zu übertünchen versuchten. Die „Verkehrung ins Gegenteil" ist ebenfalls ein Abwehrmechanismus, um Schuld abzuwehren, um Schuld nicht wahrhaben zu wollen.

Mit Schuldgefühlen kann der Mensch unbewusste Ziele verfolgen

Wir benutzen, meist unbewusst, bestimmte Symptome, um damit etwas zu erreichen.

So setzen wir Angst, Jähzorn, Charme und Aggression ein.

Wir möchten in der Ehe, in der Familie und im Umgang mit anderen Menschen etwas bezwecken. Einige Beispiele:

Beispiel 1: Frau Husemann will gewissenhafter und sauberer als andere sein. Mit starken Schuldgefühlen zeigt sie ihre Überlegenheit, demonstriert sie ihre größere Gewissenhaftigkeit. Ungewollt überhebt sie sich über andere und wertet sie ab. Ihr moralisches Gewissen ist edler, reagiert sensibler.

Beispiel 2: Frau Held versteht es meisterhaft, ihre Umgebung mit starken Schuldgefühlen zu erpressen. Schuldgefühle haben den Sinn, die Umgebung zu erziehen, gründlicher zu glauben, intensiver zu beten und ernster als Christ zu leben. Mit Schuldgefühlen können Kinder und Partner reglementiert werden.

Schuldgefühle und Vorwürfe

Wer Schuldgefühle hat, ist für Vorwürfe der anderen doppelt hellhörig. Was tut er? Um sich auszubalancieren, macht er Vorwürfe gegen den anderen. Vorwürfe sind bequem. Jemand lenkt von sich ab. Er entlastet sich.

Das heißt: Ein Vorwurf, den man gegen sich selbst richtet, wird als Vorwurf gegen den anderen gewendet. Je größer die Schuldgefühle, umso stärker die Vorwürfe. Vorwürfe sind versteckte Selbstvorwürfe:

Ich werfe mir *Versäumnisse* vor.

Ich werfe mir *Lieblosigkeit* vor.

Ich werfe mir *Gedankenlosigkeit* vor.

Um diese Schuldgefühle aber abzuwehren, drehe ich den Spieß um. Die Folge ist:

Ein Zweikampf, ein Vorwurfs-Pingpong. Ein Krach wird installiert. Krach ist Verdrängung zu zweit. Das heißt: Der Partner mit Schuldgefühlen befreit sich durch Vorwürfe an den anderen. Beide fühlen sich schuldig. Das unterschwellige Problem wird nicht gelöst. Am Ende kann ein Bruch der Beziehung stehen. Deutlich wird: Gegenseitige Schuldvorwürfe enthalten gegenseitige Rechtfertigungen.

Und wenn jemand alle Schuld auf sich nimmt?

In der Beratungspraxis habe ich das Beispiel eines tragischen Selbstmordes erlebt. Eine Frau hinterließ einen Abschiedsbrief, in dem sie sinngemäß formulierte: „Wenn ich nicht mehr da bin, wird dich jede Frau, die du mal heiratest, glücklicher machen als ich; wird jede Frau unsere Kinder besser erziehen, als ich es konnte; wird jede Frau besser kochen können, als ich es je konnte."

Wie verstehen wir diese Selbstbeschuldigung? Verbirgt sich dahinter nicht ein unbewusstes Allmachtsdenken? Der Psychoanalytiker Michael Lukas Moeller hat in einem Buch diese massiven Schuldgefühle so charakterisiert:

„Übrigens: Wer sich selbst an allem schuldig fühlt, bringt sich in eine Allmachtsposition. Das mag hinter Annas Satz stehen: ‚Dann bin ich eben schuld.' Dieses gebeugte Haupt gehört einem großen Herrscher. Das ist der stille Trost des Größenselbst."[9]

Wer reagiert mit starken Schuldgefühlen?

- *Menschen, die starke Minderwertigkeitsgefühle haben.* Sie glauben nicht liebenswert, nicht attraktiv, nicht ausreichend auf vielen Gebieten zu sein.
- *Menschen, die überempfindlich sind.* Sie haben ein unstillbares Verlangen nach Zuwendung und Anerkennung. – Überempfindliche sind egoistisch. Andere sollen sich um sie drehen.
- *Menschen mit irrigen Überzeugungen.* Wie lauten solche irrigen Überzeugungen? „Ich bin ein Dummkopf!" „Ich bin ein totaler Versager." „Ich bin vollkommen unbegabt."
- *Menschen mit Selbsthass.* Sie glauben nichts wert zu sein. Sie erniedrigen sich. Aus dem Gefühl, ein „Aschenputtel" oder eine „Fußmatte" zu sein, entsteht nicht selten eine Selbstmordabsicht.
- *Die Perfektionisten.* Sie bekommen Schuldgefühle, wenn sie nicht alles in Ehe, Erziehung, im Glauben und in der Arbeit vollkommen gemacht haben.
- *Die Zweifler.* Sie wollen keinen Fehler machen, fürchten sich vor Entscheidungen und treten auf der Stelle.

Hilfen für Menschen mit übertriebenen Schuldgefühlen

1. Sprechen Sie Sünden und Schuldgefühle vor einem Seelsorger aus! „Geteiltes Leid ist halbes Leid." Das gilt auch für Probleme, innere Belastungen und Schuldgefühle. „Bekenne einer dem anderen seine Sünde und betet füreinander, damit ihr geheilt werdet." (Jakobus 5, 16)

Oft fehlt die tiefe Heilung, weil Christen nicht den Mut haben, sich einem anderen Menschen anzuvertrauen. Das Bekennen der Schuld entlastet. Beichte ist immer auch eine Katharsis (eine Reinigung).

2. Kann sich der Christ mit Schuldgefühlen selbst vergeben? Viele Christen sagen: „Ich weiß, Gott hat mir alles vergeben, aber ich kann mir selbst nicht vergeben." Das ist ein Widerspruch in sich. Wer so denkt, stellt sich im Grunde über Gott. Er will gerechter sein als Gott.

Wenn Gott Sünde vergibt, auch Schuldgefühle, die er weggenommen hat, müssen die Schuldgefühle begraben sein. Der *Übergewissenhafte* nimmt sich viel zu wichtig.

3. Der Mechanismus der Manipulation des anderen durch Schuldgefühle muss aufgedeckt werden. Schuldgefühle werden gemacht. Fast immer gehört ein anderer dazu, der sie gemacht hat. Eltern und Erzieher erpressen ihre Kinder, ohne es direkt zu wollen:

„Du hast mich gar nicht lieb!"

„Du kümmerst dich gar nicht um mich!"

„Den anderen hast du viel lieber als mich!"

Was will der Erzieher erreichen? Besonders sensible Kinder reagieren mit Schuldgefühlen. Hat der Erzieher seine Fehler erkannt, kann er zu Gott darüber im Gebet sprechen.

4. Schuldgefühle und Selbstbestrafung. Viele Menschen, die sich in Ehe, Partnerschaft und zwischenmenschlichem Leben für schuldig erklären, bestrafen sich selbst. Sie schädigen sich selbst, ziehen Unglück auf sich, bestrafen sich auf vielerlei Weise. Falsche Anpassung und Gefügigkeit wecken ein falsches Schuldbewusstsein.

Der Seelsorger muss diese falschen Lebens- und Glaubenseinstellungen aufdecken.

5. Neurotische Schuldgefühle wirken glaubenszerstörend. Der Mensch lässt sich nicht trösten. Er bleibt oft verzweifelt. Er hört auf seine innere Stimme und seine Gefühle. Er lässt sein Gewissen sprechen. Er glaubt mit dem Kopf, er glaubt nicht mit dem Herzen.

Ein wunderbares Bibelwort steht im 1. Johannesbrief (3, 20.21): „Immer, wenn unser Gewissen uns verurteilt, wissen wir, dass Gott größer ist als unser Gewissen. Wenn also unser Gewissen uns nicht mehr verurteilen kann, meine Freunde, dann dürfen wir mit Zuversicht zu Gott aufschauen."

Viele Christen haben Schuldgefühle, die sie im Gewissen registrieren. Aber Gott ist größer als unser Gewissen. Ein Mut machendes Wort.

Kapitel 5:
Lebenslügen und Vergebung

Zu vergeben fällt vielen Menschen schwer. Um das zu umgehen, fallen ihnen die skurrilsten Lügen ein.

- Es sind Lügen, die der Mensch für wahr hält.
- Es sind Lügen, die sich als irreale Überzeugungen tarnen.
- Es sind Lügen, die der Mensch als Vorurteile kennzeichnet.
- Es sind Lügen, die der Mensch subjektiv für richtig hält.

Der amerikanische Pastor James Bryan Smith, Mitarbeiter und Begründer der christlichen Erneuerungsbewegung „Renovare", hat einen lesenswerten Aufsatz geschrieben mit dem Titel: „Das Biest in uns." Untertitel: „Warum wir uns so gern hinter einer frommen Fassade verstecken." Wörtlich heißt es bei ihm:
„In Wirklichkeit sind Sie und ich in einem katastrophalen Zustand. Hinter unseren Masken verbirgt sich nicht unsre Schönheit, sondern unser zusammengeflicktes Ego, das lieber lügt als die Wahrheit sagt, lieber nimmt als gibt, lieber niederreißt als aufbaut (…) Wenn ich mich selbst mit schonungsloser Ehrlichkeit im Spiegel betrachte, dann sehe ich, dass ich fähig bin, zu lügen und zu betrügen, zu stehlen, andere zu missbrauchen und Menschen zu hassen, die mehr besitzen als ich. Das fällt mir gar nicht schwer und kommt andauernd vor. Stolz, Neid, Zorn, Faul-heit und Gier sind Gefühle, die mir in keiner Weise fremd sind. Andererseits bin ich fähig, für jemanden ein selbstloses Opfer zu bringen, ohne das an die große Glocke zu hängen. Ich kann die Wahrheit sagen, mich anständig verhalten und für Gerechtigkeit eintreten."[10]
Wie kommt es, dass wir Christen uns – von den Menschen ohne Gott wollen wir nicht sprechen – so unehrlich und selbstbetrügerisch aufführen?
Wozu verstecken wir uns hinter einer „frommen Fassade?"
Wozu machen wir uns gegenseitig etwas vor?

Wozu übertünchen wir unser Image mit einem geistlich getarnten Make-up?

Was sind die verstandenen und unverstandenen Motive für unsere Selbsttäuschungen und Lebenslügen?

Lebenslügen spielen auch im Bereich der Vergebung eine Rolle. Wir wollen uns nicht entblößen. Wir wollen nicht schwach und beschämt dastehen. Wir wollen nicht „zu Kreuze kriechen", wie wir zu sagen pflegen.

Was ist der Lebensstil?

Der Lebensstil enthält die eigenen Hauptüberzeugungen:

- meine subjektive Art zu denken,
- meine private Weltanschauung,
- meine subjektive Art zu fühlen,
- meine subjektive Art zu handeln,
- meine subjektive Art zu lieben,
- meine subjektive Art zu arbeiten,
- meine subjektive Art zu glauben.

Pessimismus, Optimismus, Aktivität und Passivität, Harmoniesucht, Grübelzwang und Willensschwäche, *alles* spiegelt mein Lebensstil wider. Er offenbart auch:

- Lebensirrtümer,
- irrationale Überzeugungen,
- Vorurteile,
- eingebildete Ängste und damit Lebenslügen.

Der Lebensstil verkörpert meine „Brille", die ich aufhabe und durch die ich das Leben, die Welt, den Menschen und Gott betrachte. Die „Brille" umfasst meine Sichtweisen, meine verzerrte oder irreale Blickweise.

Wenn mein Lebensstil lautet: „Du darfst niemals schwach sein!", dann liegt auf der Hand, dass ich unter Umständen Vergebung als Schwäche deute:

Ich kann nicht vergeben, weil ich nicht schwach sein darf.

Ich kann nicht vergeben, weil das Eingeständnis von Fehlern und Sünden für mich unakzeptabel ist.

Was sind Lebenslügen?

In einem Vorwort zu dem lesenswerten Buch von Chris Thurman „Lügen, die wir glauben" heißt es:

„Gibt es wirklich Lügen, die wir glauben? Mit Sicherheit. Auf verstandesmäßiger und mehr noch auf gefühlsmäßiger Ebene kämpfen wir alle mit Lügen, und unsere Reaktionen auf sie können durchaus zwischen Glück oder Trauer, Gelassenheit oder Sorge und geistiger Gesundheit oder geistigen Störungen unterscheiden."[11]

Wie kennzeichnen wir Lebenslügen?

- Es sind *Überzeugungen*, die nicht mit der Wirklichkeit übereinstimmen;
- es sind *Erwartungen*, die völlig irreal und verstiegen sind;
- es handelt sich um *Vorurteile*, die wir uns schon als Kinder und Heranwachsende zu eigen gemacht haben;
- es sind *Selbsttäuschungen*, die wir uns aus bestimmten Gründen angeeignet haben;
- es sind *Lebensirrtümer*, die wir hartnäckig für wahr halten;
- es sind *Abwehrmethoden*, um uns zu schützen, uns nicht zu blamieren, und nicht entblößt zu werden.

Diese Lebenslügen beginnen bereits im Paradies. Mit dem Sündenfall stehen sie dem Menschen zur Verfügung.

Adam und Eva wollen für ihre Sünde nicht den Kopf hinhalten.

Adam und Eva schieben jeweils die Schuld auf den anderen oder auf die Schlange.

Adam und Eva glauben an ihre Ausreden und Selbstrechtfertigungen.

Adam und Eva schauen ihren Schöpfer ohne Schuldgefühle an.

Warum fällt es kleinen Kindern so schwer, für ihr Fehlverhalten einzustehen? Warum fällt es uns Erwachsenen so schwer, Schwächen und Fehler zuzugeben? Ein wesentliches Argument: Wir wollen nicht blamiert werden.

Ich bin es nicht gewesen!

Aus meiner Kindheit fällt mir eine böse Geschichte ein, die mich lange innerlich verfolgt hat. Es war in der zweiten oder dritten Klasse der höheren Schule.

Ich saß etwa ein Jahr neben einem Schüler, der wie ich den Mathematikunterricht entsetzlich langweilig fand. (Ich entdecke bei mir gerade eine zweite Lebenslüge. Der Unterricht war nicht langweilig, sondern wir zwei waren ausgesprochen schlechte Rechner.) Auf jeden Fall waren wir nicht bei der Sache. Stattdessen schmierte ich mit einem scharfen Gegenstand Figuren in den Schreibtisch. Der grüne Lack, ich sehe den Tisch noch heute klar vor Augen, blätterte ab, und das helle Fichtenholz kam zum Vorschein.

Die Sache ging einige Monate gut. Inzwischen wurde ich in eine andere Klasse versetzt. Da erlebte ich in der Englischstunde plötzlich den Direktor der Schule, der aufgeregt ins Klassenzimmer stürzte und meinen Namen rief. Ich war schockiert und stand nach dem Aufruf senkrecht.

„Du hast doch in der fünften Bank links neben Karl Müller gesessen. Stimmt's?"

„Ja, Herr Direktor!"

„Dann weißt du sicher auch, wer die Schmierereien auf deinem Pult fabriziert hat?"

Einen Augenblick Nachdenken.

„Nein, Herr Direktor!"

„Du bist es also nicht gewesen?"

„Nein, ich war's nicht."

„Wir haben alle Schulbänke nach den Ferien überprüft und neu bearbeiten lassen. Jetzt ist dieser Tisch verunstaltet. Du hast an diesem Pult gesessen. Nur du kannst es gewesen sein."

„Aber ich war's nicht!"

Alle Schüler der Klasse schauten auf mich. Alle dachten wahrscheinlich das Gleiche:

Er ist es doch gewesen. Und ich war es auch.

Frech schaute ich den Direktor an und blieb bei meiner Lüge. Wenn ich heute über die Geschichte nachdenke:

Ich wollte nicht entblößt werden.

Ich wollte nicht als der Schmierer vor der gesamten Klasse entlarvt werden.

Ich war feige. Unter dieser frechen Lüge habe ich lange zu leiden gehabt.

Es war eine *bewusste* Lüge. Der Vorteil dieser bewussten Lügen ist, dass wir sie sofort als Schuld erkennen. Die unbewussten Lügen sind versteckter. Wir identifizieren sie nicht einmal als Lügen. Wir rechtfertigen sie. Wir legen uns glaubhafte Begründungen zurecht. Lügen, die wir für wahr halten, sind wesentlich schwerer zu widerlegen. Sie entfalten eine unglaubliche Vitalität.

Im nächsten Abschnitt wird eine solche Lüge charakterisiert.

Vergelten statt vergeben

Der Mensch hat eine wahre Lust daran, dem anderen ein Vergehen heimzuzahlen. Wir alle kennen das Sprichwort: „Rache ist süß!" Es fällt in der Tat zehnmal schwerer, zu vergeben als zu vergelten. Durch Bibel und Menschheitsgeschichte zieht sich wie ein roter Faden das Gesetz der Vergeltung.

Wir *schlagen* zurück.

Wir *rächen* uns.

Wir *bestrafen* den Täter, der uns gedemütigt hat.

Vergeltung kennt viele Spielarten. Und ein rachsüchtiger Geist ist unglaublich kreativ, immer neue Vergeltungsakte auszubrüten.

Formen der Vergeltung sind:

- Dem anderen die kalte Schulter zeigen,
- dem anderen Vorhaltungen machen,
- den anderen mit Liebesentzug bestrafen,

- dem anderen keine Zärtlichkeiten mehr schenken,
- dem anderen mit Schweigen wehtun,
- dem anderen Hilfe verweigern,
- den anderen vor Freunden und Bekannten lächerlich machen,
- dem anderen mit Scheidung drohen,
- den anderen vor Freunden demütigen,
- den anderen links liegen lassen und übersehen.

Wer nicht vergeben kann, speichert Rachegedanken und Rachegefühle. Er macht sich bitter und böse. Die Anklagen und Vorwürfe gegen den anderen steigern sich. Einer badet geradezu in Rachegedanken.

Herr Schwarz fragt mich in einem Beratungsgespräch, ob es richtig sei, dem Partner die eigenen Gefühle mitzuteilen. Herr Schwarz ist fremdgegangen, will aber seine Frau treffen, die ihn jahrelang sexuell unbefriedigt ließ. Die Einzelheiten, die er aus seinem ehebrecherischen Verhältnis der Gattin anvertraut, sind bewusste Vorwürfe gegen die Partnerin.

Er *will* sie verletzen.

Er *will* sich entlasten. Er schiebt die Hauptschuld auf die frigide Partnerin. Er rechtfertigt seinen Ehebruch und lenkt geschickt von seiner Schuld ab. Er glaubt mehr oder weniger an seine Unschuld. Ein raffiniertes Selbsttäuschungsmanöver.

Unter dem Deckmantel der „Ehrlichkeit" wird der Partner gedemütigt. Unter dem Vorwand der „unbedingten Offenheit" wird der Ehepartner misshandelt. Das Unglaubliche ist geschehen: Herr Schwarz glaubt an seine „unbedingte Offenheit". Herr Schwarz glaubt an seinen Selbstbetrug. Der Teufel ist in der Tat ein hervorragender „Durcheinanderbringer".

Lügen, die die Vergebungsbereitschaft untergraben

Lebenslügen sind Verhaltensmuster, die wir gern vor unserem Bewusstsein und vor dem lebendigen Gott verstecken. Warum sollen wir dann um Vergebung bitten, wenn wir unsere Sünden beispielsweise für *anlagebedingt* halten?

Da ist Herr Meyer. Er ist überkorrekt, übersauber und übermoralisch. Seine Frau und er leben in einer Familie mit drei Söhnen im Alter von 16, 14 und 12 Jahren. Die Frau suchte schon etliche Male die Beratung auf, weil ihr Gatte die ganze Familie mit Vorschriften und Anordnungen terrorisierte. Seine Genauigkeit hatte etwas Krankhaftes. Er stand sich selbst im Wege und verkörperte das leibhaftige Unglücklichsein. Alles taugte nichts. Alles genügte nicht. Alles entsprach nicht seinen Normen. Wenn er morgens die Augen aufschlug, begegnete seinen Blicken die Unvollkommenheit in allen Räumen. Frau und Kinder gaben sich schon die größte Mühe, seinem Vollkommenheitsstreben einigermaßen zu entsprechen. Aber die Messlatte des Vaters und Ehemanns für Ordnung und Sauberkeit lag eben eine Etage höher als die der anderen.

Am Reformationstag rastete Herr Meyer aus. Morgens war er im Gottesdienst gewesen und hatte sich schon maßlos über den Pfarrer geärgert, der nicht – wie Luther – eine Reformation an Haupt und Gliedern in der Kirche und in der Gemeinde gefordert hatte. Das Thema der Predigt hatte gelautet: „Das Wort sie sollen lassen stahn!" Ein bekanntes Lutherzitat. Und genau das Gegenteil hatte der Pfarrer angeblich getan. Heute müsse das Wort Gottes den neuen Gegebenheiten angepasst werden. Einige Hundert Jahre nach der Reformation müsse die wissenschaftliche Bibelkritik ernst genommen werden. Am Mittagstisch hatte er seinen Frust vor Frau und Kindern rausgelassen. Eine Aggressivität ohnegleichen lag auf der Lauer. –

Plötzlich fehlten der Mutter im Portmonee 20 Mark. Durch die miese Stimmung in der Familie war sie auch nervös und gereizt und schrie ihren jüngsten Sohn an, er habe das Geld genommen. Erst vor Wochen hatte er schon mal den Vater bestohlen.

Die Mutter hatte den Sohn gedeckt, weil sie eine Katastrophe befürchtete. Sie kannte ihren Mann, der schon einige Mal gewalttätig geworden war. Jetzt fühlte sich der jüngste Sohn ertappt, griff in die Hosentasche und warf den zerknüllten Geldschein auf den Tisch. Da verlor der Vater die Fassung.

„Wer seine Eltern bestiehlt, ist ein Verbrecher. Du bist ja der letzte Dreck!" Der Vater schleppte den Sohn in den Keller, nahm einen Besenstiel und schlug wie besinnungslos auf den Jungen ein. Seine Schreie drangen durch das offene Kellerfenster. Ein Nachbar hörte das und rief die Polizei an. Zehn Minuten später standen zwei Beamte vor der Tür. Der Junge blutete am Kopf, an Armen und Händen. Er muss erbärmlich ausgesehen haben. Den Jungen nahmen sie sofort mit ins Krankenhaus.

Am Nachmittag kam der Pastor zu Besuch, um mit dem Vater zu reden. Er weigerte sich, seine Schuld gegenüber dem Jungen einzusehen.

„Er hat die Strafe verdient. Wer die eigenen Eltern bestiehlt, ist ein Lump und ein Verbrecher. Die Strafe kann nicht hart genug ausfallen. Gott mag ihm vergeben, ich will es nicht."

Was offenbart diese Geschichte?

1. Der Vater ist von seiner Lebenslüge überzeugt. Sie besagt: Wir Menschen müssen korrekt denken, fühlen und handeln. Wer bei schweren Vergehen nicht hart durchgreift, stellt die Ordnung Gottes auf den Kopf. Nachgiebigkeit ist Schwäche. Liberalität, wie sie auch die Kirche praktiziert, ist ihr Untergang.

2. „Meinem Sohn vergeben kann ich nur, wenn ich falsch gehandelt habe. Da ich aber hart durchgreifen musste, sehe ich die Notwendigkeit nicht ein. Harte Strafen sind biblisch. Gott hat schließlich die Benutzung eines Stockes empfohlen."

3. Der Vater sagt: „Selbstverständlich ist Vergebung biblisch. Aber zuerst muss der Sohn den Vater und die Eltern um Vergebung bitten. Wenn er das nicht will, sehe ich keinen Grund, ihm zu vergeben."

4. Der Sohn wurde über das Jugendamt aus der Familie entfernt. Er ist in einem Kinderheim untergebracht. Der Sohn sieht sich nicht in der Lage, dem Vater zu vergeben. In seinen Augen ist er ein „krankhafter Perfektionist". Nach Meinung des Jungen soll der Vater die Folgen seiner Härte spüren.

Lebenslügen untergraben die Vergebung. Sie rechtfertigen unsere Fehlhaltungen und Sünden.

Perfektionismus ist eine solche Lebenslüge. Sie ist eine Zielverfehlung, eine Sucht, alles mit einem Grad der Vollkommenheit anzustreben. Perfektionisten können sich Sünden selbst nicht vergeben, die Gott ihnen längst vergeben hat. Die Makel- und Fehlerlosigkeit machen diese Menschen unbarmherzig, grausam und ungerecht.

Lügen über den Ehebruch

Auch im Zusammenleben der Eheleute gibt es Lügen, die die Vergebung verhindern. Wie können solche Lügen lauten?

Lüge Nr. 1: Ein Seitensprung ist keine Affäre. Was der Partner nicht weiß, macht ihn nicht heiß.

Warum sollte ich den Partner um Vergebung bitten? Besser ich schweige, dann mache ich ihn nicht eifersüchtig, nicht misstrauisch und nicht unruhig. Wenn ich ihm den Fehltritt beichte, steht vielleicht die Ehe auf dem Spiel!

Lüge Nr. 2: Die kreative Affäre belebt eine müde Ehe ungemein. Das behaupten Experten weltweit.

Jedem, der fremdgeht und Ehebruch praktiziert, kommen diese Gerüchte gerade recht. Wer in eine Affäre eingewilligt hat, findet sofort Ausreden, die es ihm erlauben, sein sündhaftes Verhalten weiter zu praktizieren.

Lüge Nr. 3: Wer sich draußen ausgetobt hat, wird in der Ehe umso treuer sein.

Warum sollten wir solche vorehelichen Episoden an die große Glocke hängen?

Wozu sollten wir alle Bekanntschaften dem Ehepartner unterbreiten? Sie beunruhigen, machen misstrauisch und belasten den Lebenspartner. Wer sich ausgetobt hat, erleidet später keinen Nachholbedarf!

Das Gegenteil ist wahr. Wer viel erlebt hat, denkt viel an solche Affären zurück.

Ausreden, Rechtfertigungen und Lebenslügen sind beliebte Umgangsmuster, um mit Änderungen des Lebensstils fertig zu werden.

Es sind beliebte Praktiken, um vor dem anderen seine Schuld und seine Lieblosigkeit zu verstecken.

Wer sich rechtfertigt, darf seine Verhaltensmuster beibehalten.

Wer sich rechtfertigt, darf bleiben, wie er ist.

Lebenslügen fristen ein zähes Leben.

Einsicht – Vergebung – Gesinnungsänderung

Einsicht ist der erste Schritt zur Besserung. Ohne Einsicht geschieht nichts.

Einsicht hat mit einsehen zu tun.

Wer seine Schuld einsieht, hat sie noch nicht ernsthaft bereut.

Wer seine Schuld einsieht, hat noch nicht um Vergebung gebeten.

Und bei Lebenslügen fehlt erst recht die Einsicht.

Nehmen wir den Vater in der beschriebenen Geschichte. Er ist von seinem Vollkommenheitsstreben so beherrscht, dass er die Fehler seines Verhaltens gar nicht einsieht. Im Grunde ist er verblendet. Er sieht sich und die Welt durch seine perfektionistische Brille. Warum soll er vergeben?

Er fühlt sich den meisten Mitmenschen überlegen. Er denkt, fühlt und handelt sauberer, ehrlicher und korrekter. Er sorgt für Ordnung in dieser Welt.

Da ist der Jähzornige. Immer wieder rutscht ihm die Hand aus. Gegen den Partner, gegen die Kinder und gegen Arbeitskollegen wird er aggressiv. Er kann sich nicht entschuldigen, und er will sich nicht entschuldigen. Was sagt er stereotyp:

„Ich kann nicht aus meiner Haut!"

„Ich muss mich nehmen, wie ich bin."

„Gott hat schließlich mein Leben so gemacht!"

Der Perfekte darf sich keine Blöße geben. Er will als der Fehlerfreie erscheinen. So wird jede Schweinerei gerechtfertigt. Die Bitte um Vergebung wird überflüssig.

Wer seine Selbsttäuschungen bejaht, kann sie nicht ablegen. Wer seine Selbsttäuschungen nicht erkennt, kann nicht um Vergebung bitten.

In der Seelsorge sind viel Fingerspitzengefühl und Gottes Geist erforderlich, um diesen Menschen zur Einsicht zu verhelfen. Der Betroffene muss erkennen, dass seine Verhaltens- und Einstellungsmuster lieblos, sündhaft und unbarmherzig sind.

Schenkt Gott die Einsicht, ist der Weg frei für Vergebung.

Schenkt Gott die Einsicht, ist der Weg frei für eine Gesinnungsänderung.

Kapitel 6:
Ich muss mich vom Verletzer befreien

Menschen, die misshandelt, missbraucht und gedemütigt wurden, fühlen sich anderen oft ohnmächtig ausgeliefert. Es fällt ihnen schwer, sich zu wehren. Besonders Kinder erleben Verletzungen anders als Erwachsene.

Zur Vergebung gehört, dass wir den Täter loslassen.

Kinder können nicht zwischen Bestrafung und Missbrauch unterscheiden

Verletzungen treffen bei Erwachsenen auf eine mehr oder weniger gefestigte Person. Kinder sind schwankend. Ihre Glaubens- und Wertvorstellungen sind noch unausgereift. Ihre moralischen Vorstellungen kommen völlig ins Wanken. Erwachsene können die Grenzen zwischen Recht und Unrecht definieren. Kinder sind auf das Urteil ihrer Eltern angewiesen. Das Kind akzeptiert die Definition der Erwachsenen. Kinder, die geschlagen werden, Kinder, die missbraucht werden, nehmen diese Taten hin. Sie gehören nach ihrer Meinung zu den gebräuchlichen Umgangsformen. Das ist *einer* der Gründe, warum viele Kinder schweigen und sich niemand anvertrauen.

Im Gegensatz zu den Erwachsenen können Kinder nicht zwischen Bestrafung und ungerechtfertigtem Missbrauch unterscheiden. Schläge, Vorhaltungen, Klapse oder das Einsperren können sowohl Formen der Bestrafung als auch des Missbrauchs sein. Das kann ein kleines Kind leicht verwirren. Aber Missbrauch und Bestrafung sind zwei völlig verschiedene Dinge. Sowohl Bestrafung als auch Missbrauch machen jemanden zum Objekt seines Willens. Der Bestrafte oder Missbrauchte muss sich dem Willen des anderen beugen. Er verliert seine Macht und seine Kontrolle.

Da ist eine Mutter, sie hat drei kleine Kinder und wird nicht mit ihnen fertig. Auf der einen Seite ist sie gutmütig, lässt den Kindern viel Spielraum, auf der anderen Seite ist sie brutal und bestraft sie. Das Älteste ist nicht sofort vom Spielen ins Haus gekommen. Die Mutter schreit das Kind wütend an und befiehlt ihm, seine Exkremente, die noch im Nachttöpfchen unter dem Bett stehen, zu essen. Das ist keine Bestrafung mehr, das ist Missbrauch. Das Kind erlebt den Missbrauch als Bestrafung. Viele Kinder glauben, dass sie mit dem Missbrauch die Beziehung zu den Eltern wieder bereinigen können. Das Kind glaubt, böse gewesen zu sein. Der Missbrauch durch den Vater erlaubt es dem Kind zu glauben, die Beziehung erfährt einen Neubeginn. Nicht wenige Kinder glauben, dass sie die „Bestrafung" verdient haben. Durch Sühne wird die Harmonie wieder hergestellt. Auch der Schmerz, den sie erleben, dient ihnen dazu, den Riss zwischen ihnen und den Eltern zu kitten.

Die Missbrauchte misstraut

Misstrauen ist ein Wesensmerkmal missbrauchter Kinder. Wem sollen sie glauben, wem vertrauen? Die liebsten und wichtigsten Menschen in ihrer Umgebung haben sie betrogen und belogen.

Eine Zwanzigjährige, die von Stiefbruder und Vater sexuell missbraucht wurde, fasste in einem Gespräch mit mir ihre Überlegungen sinngemäß so zusammen:

„Ich bin von Vätern, Männern, Freunden – aber auch von Müttern und Frauen – enttäuscht. Wieso soll ich Ihnen glauben? Sie sehen vertrauenerweckend aus. Aber das tat mein Vater auch. Mein Stiefbruder hat meine Ahnungslosigkeit brutal ausgenutzt.

Ich kletterte in sein Bett, weil ich fror. Er streichelte mich und ich fand es schön. Er liebte mich nicht, er wollte sich lediglich befriedigen. Wenn mich heute ein Mann anschaut, möchte ich mich am liebsten umdrehen, weil er nur meine Brüste oder meinen Po im Auge hat."

Die junge Dame macht eine kurze Pause, ihre Augen werden nass, und dann schreit es aus ihr heraus: „Keinem Menschen vertraue ich mehr. Und dann soll ich bei Gott Geborgenheit finden, den ich nicht sehe und fühle?"

Die junge Frau wünscht sich sehr eine Freundschaft mit einem jungen Mann, aber sie steht sich selbst im Wege. Sie blockiert ihre Gefühle, wenn sie an den Vater und den Stiefbruder denkt. Beide beschäftigen sie Tag und Nacht. Sie kann die Verletzer nicht loslassen. Schuldgefühle, Vorwürfe und Aggressionen verwirren Herz und Hirn.

Die Schuldgefühle versperren die Heilung

Die meisten Menschen, die missbraucht wurden, fühlen sich schuldig. Ihre Antworten sind verschieden, aber die Richtung ist die gleiche. Sie sagen:

- Ich fühle mich schmutzig und hässlich;
- ich habe mitgespielt und mir alles gefallen lassen;
- ich habe mich nicht gewehrt;
- ich schäme mich unendlich;
- ich habe aus Angst geschwiegen;
- ich habe auch schöne Gefühle gehabt;
- ich habe Geschenke bekommen und habe sie auch angenommen.

Die Lustgefühle, die dem Gefühl des Angenommenseins und Gelobtwerdens durch die Erwachsenen entsprangen, fördern im Kind das Bewusstsein „es hat dir irgendwie Spaß gemacht". Dafür wirst du jetzt bestraft.

Folgen im seelischen und psychosomatischen Bereich

Die meisten sexuell missbrauchten Kinder reagieren mit Angst.
Sie haben Angst, dass die Tat ans Licht kommt.
Sie haben Angst, dass der Täter ins Gefängnis kommt.
Sie haben Angst, dass ihre Familie verstoßen wird.
Sie haben Angst, dass sie selbst durch das Leben und von Gott bestraft werden.

Viele zeigen später als Erwachsene Depressionssymptome. Sie reagieren traurig, sind ständig verstimmt, gehen in den Rückzug und steigern sich in Verzweiflung hinein. Nicht wenige spielen mit Selbstmordgedanken. Andere praktizieren Selbstverstümmelungen. Sie leiden generell an Selbstwertstörungen, konnten viele soziale Fähigkeiten nicht ausbauen, reduzieren ihren gesellschaftlichen Umgang und mindern ihr Selbstvertrauen.

Dass die sexuellen Übergriffe der Täter bei den Frauen später sexuelle Probleme im Zusammensein mit dem anderen Geschlecht hervorrufen, liegt auf der Hand. Viele neigen zum Klammern und machen sich abhängig. Wieder andere sind unfähig, Nähe geben zu können, weil sie ständig gezwungen wurden, Nähe und Intimität zu praktizieren.

Fast allen ist gemeinsam, dass sie nicht Nein sagen können. Es gelingt ihnen nicht, sich abzugrenzen. Sie entwickeln eine enorme Angst, erneut zum Opfer zu werden.

Nicht wenige neigen zur Isolation, gehen in den Rückzug und distanzieren sich vom normalen Leben. Sie haben Schwierigkeiten, sich Ziele zu setzen, ihre eigenen Interessen und Fähigkeiten wahrzunehmen.

Neigung zur Dissoziation

Dissoziation meint die Abspaltung von Gedanken und Ideen vom Hauptstrom der Persönlichkeit. Je stärker das Trauma, also die seelische Verletzung durch den Täter, desto stärker auch die Abspaltung beziehungsweise das „Abschalten". Der missbrauchte Mensch praktiziert eine Überlebensstrategie, um mit dem traumatischen Geschehen fertig zu werden.

Dr. Samuel Pfeifer, ein Psychiater aus der Schweiz, beschreibt die Dissoziation beispielhaft so:

„Eine junge Frau, die als Kind mehrfach sexuell missbraucht wurde, antwortete mir auf die Frage, wie sie damit habe leben können: ‚Es war, als wäre ich aus mir herausgegangen, in die Tapete, die ich über mir sah. Auf dem Bett lag nur mein Körper, aber ich selbst spürte nichts mehr. Erst viel später, als der Mann schon lange gegangen war, fand ich mich wieder und wusste, dass irgendetwas Schlimmes passiert war.' (...) Dann schaltet das Gehirn sozusagen ab, die Betroffenen scheinen vordergründig noch bei Bewusstsein, spüren sich aber nicht mehr. Sie laufen ziellos davon oder ziehen sich in innere Fantasien zurück. Manche verletzen sich selbst, ohne Schmerz zu verspüren. Die Erfahrungen während dieser Zeit der Dissoziation bleiben oft in einer versteckten ‚Besenkammer' des Bewusstseins, an die die Erinnerung kaum herankommt."[12]

Dissoziation enthält also:

- Das Opfer klinkt sich aus einem traumatischen Geschehen aus, um die Schmerzen und die Angst nicht spüren zu müssen;
- das Opfer schirmt sich vor der Erinnerung an Missbrauchsattacken ab;
- das Opfer schafft sich eine eigene Welt, die im Fantasiebereich liegt, um den seelischen Schmerzen zu entrinnen;
- das Opfer hält zu seinen Verletzern eine Fantasiebindung aufrecht, um vor Verlassenheit und Entfremdung geschützt zu sein;
- das Opfer unterdrückt mithilfe der Dissoziation alle Wut- und Aggressionsimpulse.

Der Verletzer muss aus dem Herzen des Opfers hinausgeworfen werden

Das ist leichter gesagt als getan. Denn der Täter hat sich im Herzen des Opfers eingenistet. Der Missbrauchte ist geradezu an den Tyrannen gefesselt. Ständige Selbstgespräche mit dem Täter verstärken die Fesseln. In Gedanken und in der Fantasie kämpft das Opfer mit seinem Verletzer.

Prior Anselm Grün hat einen wichtigen Grundsatz als Seelsorger entwickelt, den es zu beherzigen gilt:

„Da kann die Wut ein wichtiges Medikament sein, das uns von der Ohnmacht Menschen gegenüber befreit. Die Wut ist die Kraft, mich vom anderen zu distanzieren, den anderen, der mich verletzt hat, aus mir hinauszuwerfen. (...) Ich verbiete mir, in meinem Haus, in meinem Zimmer ständig über den anderen nachzudenken. Da hat er keinen Platz. Ich erweise ihm nicht die Ehre, mir von ihm mein Abendessen verderben zu lassen. Es liegt an mir, ob ich mich dem anderen gegenüber ohnmächtig fühle, ob ich mich von der Macht des anderen befreie, indem ich mich von ihm distanziere und ihn aus meinem Herzen hinauswerfe."[13]

Viele Menschen sind zur Anpassung und Artigkeit erzogen worden. Sie gehen ständig aus Angst den unteren Weg. Sie buckeln und wehren sich nicht. Sie schweigen und schlucken. Besonders Missbrauchte sind unfähig zu widersprechen, sind unfähig, nein zu sagen. Anselm Grün gibt uns ein probates Mittel an die Hand, diese Tyrannen aus unserem Herzen zu verbannen.

Wir können auch die Methode des Gedankenstopps benutzen, wie sie in der Verhaltenstherapie beschrieben wird.

- Ich stoppe meine Selbstgespräche, die ich mit dem Täter immer wieder führe.
- Ich stoppe meine Fantasien und Selbstmitleidsattacken, die mir schaden.
- Ich verbiete mir, dass der Peiniger Herz und Gedanken beansprucht.
- Ich distanziere mich von dem, der Leib und Seele missbraucht hat.

Noch einmal Anselm Grün, der selbst in schweren Fällen rät, wie wir uns von dem Tyrannen befreien können:

„Ich begleite immer wieder Frauen, die als Kinder sexuell missbraucht worden sind. Das Fatale ist, dass sie neben ihrer Wut zugleich Schuldgefühle haben, dass sie sich nicht gewehrt haben oder wieder zu diesem Mann hingegangen sind. Ich versuche, diesen Frauen Mut zu machen, mit ihrer Wut in Berührung zu kommen, den, der sie so in ihrer Würde verletzt hat, aus sich hinauszuwerfen. Das ist dann oft der Anfang der Heilung. Wenn der andere, der mich verletzt hat, noch in meinem Herzen ist, wäre die Vergebung nur ein masochistisches Sich-selbst-Kränken. Ich würde weiter in meiner Wunde bohren. Erst wenn ich den Verwunder aus mir hinauswerfe, kann ich ihn objektiver sehen und ihm von Herzen vergeben. Die Vergebung ist dann die endgültige Befreiung von der Macht des anderen. Wer nicht vergeben kann, der wird von dem bestimmt, der ihn gekränkt hat. Er trägt die Wunde immer noch mit sich herum. Erst wenn ich vergebe, befreie ich mich vom anderen. Manche werden nicht gesund, weil sie einem Menschen noch nicht vergeben haben."[14]

Das Opfer benötigt Distanz zum Täter. Schuldgefühle, die völlig unangebracht sind, fesseln das Opfer an den Täter. Vergeben hat etwas mit weggeben und loslassen zu tun. Weggeben heißt auch:

Ich kann dem Eindringling heute die Tür weisen.

Ich muss nicht mehr in die Vergangenheit zurückblicken.

Ich gebe meine Wut und meine Ohnmacht an Gott ab.

Ich gebe meine Rachegedanken und meine Vergeltungsfantasien an Gott ab.

Ich weiß, dass er mich befreit und angenommen hat.

Gehört zur Vergebung, den Täter zu lieben?

Es gibt Seelsorger, die den Betroffenen viel zumuten. Ihr Anspruch ist gewaltig. Sie greifen einige Sätze Jesu aus der Bergpredigt auf, die von der Feindesliebe sprechen: „Ich aber sage euch: Liebet eure Feinde und betet für die, die euch verfolgen, damit ihr Söhne eures Vaters im Himmel werdet." (Matthäus 5, 44)

Wenn Liebe ein Charisma ist, eine Gnadengabe, die wir nicht machen können, dann ist Feindesliebe möglich. Dann ist es auch möglich, dass Opfer ihren Tätern und Peinigern wieder mit Liebe und Zuneigung begegnen können. Diese Gefühle sind in der Regel mit der Vergebung nicht automatisch vorhanden. Die Seelsorge an Missbrauchten zeigt, dass Vergebung ein Prozess ist, der häufig Jahre braucht, um die Verwundungen und Verletzungen ausheilen zu lassen. Leichter fällt es den Betroffenen, die erlebt haben, dass ihre Täter ausdrücklich um Vergebung baten.

Geradezu dramatisch hat es eine junge Frau erlebt. Der Vater, der im Sterben lag, ließ die Tochter zu sich kommen, bat inständig im Beisein eines Pastors das Kind um Vergebung und konnte Tage später im Frieden heimgehen. Diese Frau erlebte eine ganzheitliche Befreiung. Sie hatte eine Reihe psychosomatischer Beschwerden, als sie in die Seelsorge kam. Ihre sexuellen Beziehungen zum Ehepartner waren unbefriedigend, sie litt an Depressionen und unerklärlichen Ängsten. Als sie ihrem Vater, der sie jahrelang missbraucht hatte, ehrlich die Vergebung zusprach, um die er gebeten hatte, fielen viele Probleme schlagartig von ihr ab.

Erst jetzt konnte sie ihren Vater loslassen.

Erst jetzt waren Wut und Bitterkeit verschwunden.

Erst jetzt konnte sie ihre Verletzungen wie ein altes Kleid abwerfen.

Mir begegnete in der Seelsorge ein vollkommen neuer Mensch. Ein Wunder war in meinen Augen geschehen. Selbst die Hemmungen und Verklemmungen im sexuellen Bereich legten sich zunehmend. Auch die Art zu sprechen erfuhr eine Verwandlung.

Die melancholische Stimmung war verschwunden. Wochen später meldete sie sich in ihrer Gemeinde zur Mitarbeit, die sie bisher verweigert hatte.

Ja, Vergebung kann einen Menschen völlig verändern. Gott kann in der Tat Menschen erneuern und umgestalten. Aber hüten wir uns als Seelsorger, Missbrauchten diese Forderung Jesu auf die Seele zu binden, den „Feind" zu lieben.

Dem Verletzer das Haus verbieten, ihm Herz und Gedanken versperren, das ist hilfreich.

Den Verletzer aus dem Herzen und aus dem Leben entfernen, das schafft Distanz.

Dem Verletzer vergeben und ihn seine Straße ziehen lassen, ohne ihn lieben zu müssen, das gibt inneren Frieden.

Richtlinien über Vergebung

So nennt Samuel Pfeifer in seinem Buch einige Aspekte, die für die seelsorgerliche Arbeit mit sexuell Missbrauchten hilfreich sind:

a) Das Eingeständnis, dass mir Unrecht getan wurde. Ich muss nicht beschönigen oder verleugnen. Vergebung wird erst dort nötig, wo Unrecht vorliegt.

b) Der Täter verdient die Vergebung nicht (so wie auch ich vor Gott letztlich nicht bestehen kann). Meine Vergebung ist nicht das Gutheißen seiner Ausflüchte, Rechtfertigungsversuche und Schönfärbereien des Vorgefallenen. Meine Vergebung ist auch nicht ein Eingeständnis an seine unterschwelligen Vorwürfe, dass ich ja Mitschuld hätte an seinem sexuellen Handeln. Wenn ich vergebe, dann vergebe ich aus freien Stücken.

c) In der Vergebung gebe ich meinen Zorn auf und gleichzeitig auch meine Rachegelüste und meine Ansprüche an den Täter. Ich gebe den Täter frei. Doch damit gebe ich auch mich frei. Wie ein Ringer, der seinen Kontrahenten loslässt, löse ich mich aus der Umklammerung, in der ich mich durch den ständigen Groll befand.

d) Manche Verkündiger erwecken den Eindruck, die Aufforderung zur Feindesliebe bedeute, dass man nun auch Gefühle der Liebe für den Täter entwickeln müsse. Bei dem, was oft zwischen Täter und Opfer vorgefallen ist, wäre das ein hochgestecktes Ideal."[15]

Kapitel 7:
Wie wird Vergebung
in der Seelsorge praktiziert?

Ich möchte das an einem Beispiel verdeutlichen: Ein Ehepaar kommt in die Beratung. Es sind gebildete Leute, wohnen abseits der Stadt in einer großen Villa. Er hat eine gut gehende Praxis, ist viel beschäftigt und hat für seine Frau und die Kinder wenig Zeit. Die Eheleute haben drei Kinder im Alter von zehn, acht und sechs Jahren. Beide gehören einer Freikirche an, sind keine Mitläufer und nehmen aktiv am Gemeindeleben teil.

Eines Tages hat der Mann seine Frau zusammengeschlagen. Er war überarbeitet, so jedenfalls hat er bei einem Seelsorger seiner Gemeinde die Sache glaubhaft dargestellt. Der Seelsorger fragte ihn, ob er seine Tat bereue und bedaure und ob er bereit sei, seine Partnerin und Gott um Vergebung zu bitten. Der Mann gestand unter Tränen, dass er das bereits getan habe und noch zusätzlich den Zuspruch der Vergebung durch den Seelsorger erbitte. Der Pastor sprach ihm daraufhin im Namen Jesu die Vergebung zu. Beide beteten noch miteinander und der Mann kehrte guten Gewissens in seine Praxis zurück.

Wir betreiben keine zudeckende Seelsorge!

Vierzehn Tage später waren ihm beide Fäuste wieder ausgerutscht und er hatte seine Frau erneut zusammengeschlagen. Da rief er mich an und bat um einen Termin für sich selbst und für seine Frau. „Ich muss unbedingt wissen, was mit mir los ist. Ich traue mir selbst nicht mehr. Wir müssen gemeinsam herausfinden, was meine Aggressionen hervorruft. So geht es nicht weiter."

Er machte einen Tag seine Praxis zu und kam mit seiner Frau zu mir in die Seelsorge. Die Frau war sehr deprimiert, rückte ängstlich von ihm ab und setzte sich zwei Meter von ihm entfernt auf einen Stuhl. Sie weinte und schluchzte lange vor sich hin. Sie sagte kein Wort und überließ ihrem Mann die „Beichte".

Er hatte sie gebeten mitzukommen, weil er auch von ihr hören wollte, was zwischen ihnen gespielt wird.

Nach seiner zweiten Fehlhandlung war dem Mann bewusst geworden, dass eine zudeckende Seelsorge, die die wahren Motive nicht ans Licht bringt, wenig sinnvoll ist. Aufdeckende Seelsorge meint,

- dass es nicht in erster Linie um *Symptome* geht, sondern um tiefer liegende Störungen. Symptome sind die Anzeichen für eine Schwierigkeit, nicht die Schwierigkeit selbst;
- dass die Motive und Beweggründe für die Sünde herausgearbeitet werden müssen, um sie anschließend ins Gebet nehmen zu können. Das Symptom – in unserem Fall das Zusammenschlagen – ist mit Sicherheit nicht das Hauptproblem. Es demonstriert eine tiefer liegende Fehleinstellung. Das Schlagen ist die *Folge*, nicht die *Ursache* der Eheprobleme;
- dass ein Konflikt immer wieder aufbricht, wenn die meist unverstandenen Motive den Partnern nicht bewusst sind.

Dem Mann war das unverstandene Motiv völlig unklar. Auch die Frau konnte keine Erklärung für sein partnerschaftsfeindliches Verhalten abgeben.

Was sind die Hintergründe im Ehekonflikt?

Beide haben bisher eine relativ glückliche Ehe geführt. Die Praxis läuft gut, die Kinder sind gesund und beide vertrauen sich.

Aber: Die Frau ist äußerst ängstlich und der Mann bringt nur schwer Verständnis für ihre Ängste und Befürchtungen auf. Die Frau dramatisiert und der Mann bagatellisiert. Ihre Ängste wurden immer heftiger und seine Reaktionen häufig ironischer. Sie klammert sich an ihn, und das bringt ihn in Harnisch. Er kann die Vereinnahmung – wie er sie erlebt – nicht leiden und wehrt sie ab.

Vor einem Jahr wurde in der Villa eingebrochen. Das hatte ihre Ängste gesteigert.

Und als er eines Abends die Balkontür aus Versehen offen gelassen hatte, brach sie in Panik aus. Sie befürchtete schon Diebe im Haus und geriet völlig aus dem Häuschen.

Er wollte die Situation überspielen und sagte lächelnd: „Ich weiß gar nicht, was du willst, wir sind doch hoch versichert!"

Diese Ironie, die er als Hilfe verstanden wissen wollte, brachte die Frau außer sich. Sie klammerte sich fest an ihn und beschwor ihn immer wieder: „Bitte, bitte, vergiss ja nie wieder, die Tür zu schließen. Ich werde sonst verrückt."

Diese Panikreaktion löste bei dem Mann eine übergroße Hilflosigkeit aus und er schlug sie zusammen.

„Ich fühlte mich von der Angst umzingelt", sagte er leidenschaftlich. Und er schlug sich frei. Die Frau schluchzte und nickte.

Das ist der Hintergrund für den bösen Ausrutscher des Mannes.

Der Mann ist ein überlegen wirkender, sachlicher Mensch, der immer Antworten parat hat. Er bewältigt im Alltag alle Probleme mit leichter Hand. Er legt Wert darauf, alles im Griff zu haben. Seine Frau nennt ihn einen „Macher". Es wurmt ihn grenzenlos, dass er die irrealen Ängste seiner Frau nicht kontrollieren kann. Und mit der Hilflosigkeit seiner Frau wird er nicht fertig. Sie bringt ihn so um den Verstand, dass er auch außer sich gerät.

Was haben die beiden Betroffenen gebetet?

Die Eheleute sind Christen, und mich interessieren als Seelsorger die Gebete. Wie haben beide den Konflikt mit Gott besprochen? Wie lauten die Gebete, die helfen sollen, dass sich die Szenen nicht wiederholen? Der Mann druckst einen Augenblick herum und sagt dann: „Ich bete: Herr, vergib mir meine schlimme Tat und gib mir die Kraft, dass ich meine Frau nicht wieder lieblos zusammenschlage!"

Die Frau hat gebetet: „Herr, du weißt, wo ich unbewusst gegen dich und meinen Mann gesündigt habe, vergib mir und hilf ihm, dass er mich nicht wieder zusammenschlägt!"

Die Gebete klingen plausibel und richtig. Und doch sind sie problematisch. Für meine Begriffe berühren wir hier einen Punkt in der Seelsorge, der viele Konflikte des Einzelnen und der Paarbeziehung nicht löst. Die Betroffenen haben die Symptome im Auge, aber nicht die wirklichen Motive im Hintergrund. Und die sind es, die das Unglück heraufbeschwören.

Konkret: Der Mann betet, Gott möge ihm die Kraft schenken, seine Frau nicht mehr zusammenzuschlagen. Das klingt einleuchtend, ist aber vordergründig. Denn das Schlagen ist die *Folge* seiner Hilflosigkeit, die durch übergroße Angst seiner Frau ausgelöst wird.

Der Mann hat nach dem ersten Unglück den Seelsorger aufgesucht, hat ehrlich um Vergebung gebeten und hat seine Frau vierzehn Tage später wieder mit Fäusten bearbeitet. Er selbst steht vor einem Rätsel. Genau das ist es. Wird das *Motiv* für das Schlagen ins Gebet genommen, sind in der Regel die Probleme gelöst. Der Mann weiß jetzt, wo er präzise ansetzen muss. Und das Gebet zeigt Wirkung, weil der Wille des Mannes mit dem Geist Gottes konform geht.

Auch das Gebet der Frau ist problematisch. Sie bittet Gott um Vergebung für Sünden, die ihr aber völlig unklar sind. Was mir aber unklar ist, kann ich auch nicht ändern.

Vielleicht wird man mir entgegenhalten: „Aber du unterschätzt die Kraft des Heiligen Geistes! Er kann der Frau sagen, was sie falsch macht. Genauso kann er dem Mann sagen, was er falsch macht." Das ist richtig. Die Erfahrung zeigt nur allzu oft, dass Konflikte ungelöst bleiben und sich Sünden mit schöner Regelmäßigkeit wiederholen, wenn die unbewussten Motive nicht ins Gebet genommen werden. Dieses Seelsorgebeispiel bestätigt es.

Mann und Frau spielen perfekt zusammen

Ein weiterer Schwachpunkt unserer Seelsorgearbeit wird in diesem Beispiel deutlich.

Nicht der Mann hat ein Problem, sondern die Ehe. Wer sich allein mit dem Mann beschäftigt und nicht die Schwierigkeiten der Ehe untersucht, gerät in eine Deutungsfalle. Er missdeutet das Geschehen. Es geht nicht darum, den Mann zu entschuldigen. Seine Tat ist schlimm. Im Grunde ist die böse Tat aber das Ergebnis eines unverstandenen Zusammenspiels beider Partner.

Frau und Mann sind voneinander abhängig. Einer beeinflusst den anderen. Das Tun des einen ist das Tun des anderen. Das Sein des einen ist das Sein des anderen. Die Reaktionen des einen hängen mit den Aktionen des anderen zusammen. Im Sprichwort sagen wir: „Wie ich in den Wald hinein rufe, so schallt es zurück." Meine Empfindungen haben etwas mit den Empfindungen des anderen zu tun. Wut, Aggressionen und Bitterkeit spiegeln eine Symmetrie des Paares wider.

Die Frau in unserem Beispiel, die sehr klammernd, ängstlich und nähebedürftig ist, suchte sich einen selbstbewussten und starken Mann aus, der ihr Halt und Geborgenheit geben sollte. Der starke und selbstbewusste Mann, ein Eigenbrötler und Einzelgänger, suchte sich eine anlehnungsbedürftige Frau aus. Die unbewusste Partnersuche war erfolgreich. Beide suchten die Ergänzung.

Allerdings: Der Punkt der Anziehung ist der Punkt des Konflikts. Wenn in der Ehe beide jeweils ihr Verhalten übertreiben, wird die fruchtbare Ergänzung zu einem ernsthaften Konflikt. Er übertreibt seine Eigenständigkeit, sie übertreibt ihre Ängstlichkeit und damit ihr Klammern. Das führt zum Eklat. *Beide* haben ihn heraufbeschworen. Und *beide* müssen ihn lösen.

Beide müssen ihre Interaktionsmuster erkennen und bekennen

Aufgabe der Seelsorge ist, die Interaktionsmuster des Paares herauszuarbeiten. Welche Zusammenspielmuster rufen die Konflikte hervor? Welche Einstellungsmuster führen zum Crash?

Hilfreich ist es, dass die Ehepartner selbst die Zusammenhänge erkennen. Die Fragestellung des Seelsorgers ist so angelegt, dass die Partner ihren eigenen Beweggründen auf die Spur kommen.

Nur was sie *er*kannt haben, können sie auch *be*kennen. Ein allgemeines „Sündenbekenntnis" hilft nicht weiter. Die Praktiken, die im Dunklen bleiben, werden weiter benutzt. Früh eintrainierte Strategien, die schon in der Kindheit eingesetzt wurden, wiederholen sich in schöner Regelmäßigkeit. Darin handeln wir alle gleich.

War der Mann überarbeitet? Ja und nein. Er war überarbeitet, aber auch das hat etwas mit seinem Lebensstil zu tun. Weil er ein Einzelgänger und nicht in erster Linie auf Beziehungen angewiesen ist, flieht er in die Arbeit. Leistung wird zum Beziehungsersatz. Auch die Überarbeitung ist ein Symptom und nicht die Ursache. Sie ist auch die Folge seiner Beziehungsschwäche.

Leidet die Frau unter einer Angstneurose? Ja, sie kommt aus einer Familie, wo die Mutter wenig Zeit für ihre Kinder hatte. Die Frau fühlte sich ständig allein gelassen, suchte einen Austauschpartner und Spielgefährten. Schon früh lernte sie ihren Mann kennen und war glücklich, einen Zuhörer gefunden zu haben. Sie hat das Herz auf der Zunge und braucht einen Menschen, der ihre Empfindungen anhört und der alle Erlebnisse mit ihr teilt.

Der Rückzug ihres Mannes verstärkte ihre Angst, allein gelassen zu werden. Sie schlief zeitweise im Kinderschlafzimmer, weil ihr Mann bis spät in die Nacht Akten wälzte und beruflich engagiert war. Die überstarke Angst der Frau ist zweifellos das Ergebnis eines tief empfundenen Alleinseins.

Die Angstattacken wurden auch durch den Einbruch noch einmal verstärkt.

Der Mann hoffte, mit ironischen Anspielungen die Angst der Frau zu verkleinern. Im Grunde geschah das Gegenteil. Sie fühlte sich nicht ernst genommen. Mit großer Angst bäumte sie sich gegen sein Desinteresse auf. Als sie ihn dann mit panischer Angst fesselte, schlug er zweimal wie von Sinnen zu, um der Umklammerung zu entfliehen.

Beide erklärten und definierten ihre Beziehungsmuster.
Beide stimmten mit ihren Interaktionsmustern überein.
Beide erkannten, dass sie gemeinsam eine Ehestörung heraufbeschworen hatten.

Das Paar kommt in die Seelsorge

Das ist immer noch nicht selbstverständlich. Bei Eheschwierigkeiten gibt es selten einen Alleinschuldigen. Der Mann hat zwar seine Frau zusammengeschlagen, dafür ist er zunächst einmal verantwortlich. Aber ein Konflikt – das Wort macht es schon deutlich – ist ein Zusammenstoß von zwei Parteien. Wie schrieb der Vater der Eheforschung in Europa, der Schweizer Arzt und Psychotherapeut Dr. Theodor Bovet:

„Wenn Ehebruch geschieht, ist *immer* ein Bruch in der Beziehung vorhanden." Mit anderen Worten: Beide Partner sind beteiligt. Damit ist das Dilemma vorprogrammiert.

In unserem Beispiel kamen beide und erlebten eine gemeinsame Befreiung.

Als beide Eheleute jeweils ihren Anteil am Konflikt erkannten, ging ein Aufatmen durch die Beziehung. Die gegenseitigen Vorwürfe, die in der Regel mit Auseinandersetzungen verbunden waren, hörten auf. Bitterkeit und Wut, die beide aus unterschiedlichen Gründen empfanden, ließen nach. Die Ehe ist wie ein Organismus, den beide befruchten, am Leben erhalten, aber auch zerstören können. Das Erkennen des wechselseitigen Zusammenspiels macht beide Parteien friedfertiger, barmherziger und zugeneigter.

Ich habe einen bösen Satz für die Eheseelsorge formuliert: „Arbeiten Sie nur mit *einem* Partner in der Seelsorge, werden Sie belogen!" Er kann nur seine einseitige Sicht des Zusammenlebens verdeutlichen. Dieser Sicht fehlt die Zusammenschau.

Der Streit offenbart, dass keiner der beiden bereit ist, die Einstellung des anderen zu akzeptieren.

Die Partner formulieren ihre Gebetsanliegen neu

Da wir gern von beratender Seelsorge sprechen und biblische Maßstäbe eine Rolle spielen, müssen auch die Gebetsanliegen neu formuliert werden. Die Eheleute haben erkannt, dass ihre bisherigen Gebete nur die Oberfläche ihres Ehekonflikts berührten. Sie hatten um Symptomheilung gebetet, der Kern ihrer Probleme war zugedeckt geblieben.

Sein neues Gebetsanliegen lautete jetzt: „Herr, ich habe erkannt, dass ich meine Frau vernachlässigt habe. Meine Arbeit war mir wichtiger als das Gespräch und der Austausch mit ihr. Vergib, dass ich so selbstsüchtig denke. Mir ist auch deutlich geworden, dass ich für ihre Angst mitverantwortlich bin. Meine Arbeitssucht steigert ihre Panik. Unterstütze meinen Willen, dass ich mein Arbeitspensum reduziere und die Zeit meiner Frau und den Kindern widme."

Ihr neues Gebetsanliegen lautete jetzt: „Herr, ich habe erkannt, dass ich an unserem Eheunglück mitbeteiligt bin. Vergib mir, dass ich meinen Mann allein für schuldig erklärt habe. Ich danke dir, dass mir die Ziele meiner Angst bewusst geworden sind. Ich wollte ihn zwingen, dass er sich mehr um mich kümmerte. Vergib, dass ich ihn aggressiv gemacht habe."

Die Gebete enthalten keine versteckten Vorwürfe. Jeder formuliert noch einmal seine Fehlverhaltensmuster. Beide demonstrieren, dass sie guten Willens sind und nicht die Hauptschuld auf den anderen abschieben. Jeder hebt seinen Anteil ins Licht und bittet Gott um Beistand.

Zwei Menschen, die auf diese Weise gemeinsam den Frieden in der Ehe suchen, die ehrlich ihre Einstellungs- und Verhaltensmuster offenlegen und gemeinsam um Lösungen vor Gott ringen, denen wird in der Regel die Ehe gelingen.

Kapitel 8:
Vergebung ist ein Prozess

Besonders, wenn die Verletzungen tief sitzen.

Besonders, wenn Menschen traumatisiert und schwer belastet wurden.

Besonders, wenn Menschen übersensibel und hochgradig empfindlich sind. – Es gehört zu ihrem Wesen, Ereignisse zu dramatisieren. Sie hören das Gras wachsen, machen aus Mücken Elefanten und können Verletzungen nicht abschütteln.

Der amerikanische Autor David Augsburger schrieb: „Vergebung ist eine Reise, die aus vielen Schritten besteht." Wer aktiv in der Seelsorge steht, weiß, dass Vergebung Zeit braucht, einen Umdenkungsprozess erfordert. Neue Gewohnheiten müssen eintrainiert werden.

Oft machen wir es uns in der Seelsorge zu leicht. Wir gehen davon aus, wer in Jesu Namen dem anderen vergibt, ist blitzartig frei, los und ledig von Vorbehalten, Verletzungen, Ressentiments und Befürchtungen. Das *kann* geschehen. Die Regel ist es nicht.

Wer vergibt und den ersten Schritt zur Versöhnung beschreitet, ist nicht selten tief gekränkt und gedemütigt worden. Monatelang, vielleicht jahrelang wurde ihm übel mitgespielt. Er wurde hintergangen, betrogen und belogen. Das soll mit einem Satz beseitigt sein?

Vergebung ist ein erster Schritt

Eva ist fünfzehn Jahre alt. Sie ist das mittlere Kind zwischen zwei Brüdern. Ihre Mutter liebt den älteren Sohn über alles. Er wurde verzogen, bekam Sonderrechte, ist ein Musterschüler und wird in der Familie und draußen herausgestellt. Die Mutter ist stolz auf ihn. Eva verhält sich schon als kleines Kind trotzig und kratzbürstig. Sie wollte nie ein Mädchen werden, reagiert burschikos, kleidet sich jungenhaft, um die Liebe der Eltern zu erringen. Die Mutter nörgelt an ihr herum, an der Kleidung, am Benehmen, an den Schulleistungen und am jungenhaften Verhalten. Eva gerät in die Rolle des Außenseiters. Sie kämpft um Aufmerksamkeit auf der negativen Seite des Lebens.

Die frommen Eltern beten für sie und bitten die Verantwortlichen der Freikirche, zu der sie gehören, auch für das Kind zu beten. Eva erfährt das und reagiert noch trotziger. Sie schwänzt die Schule, gerät in die Drogenszene und verwahrlost.

An ihrem sechzehnten Geburtstag finden die Eltern einen zerknüllten Brief im Papierkorb, der an die Mutter gerichtet ist. Er enthält die bittersten Vorwürfe und Anklagen. Die Mutter geht mit dem Brief zum Seelsorger und erfährt, dass sie die Tochter um Vergebung bitten muss. Die Vergebung wird die Feindseligkeit zwischen Mutter und Kind verringern.

Das erste Gespräch findet in einer anrüchigen Kneipe statt. Dahin hat die Tochter die Mutter eingeladen. Die Mutter ist über das Milieu entsetzt. In ihren Augen sieht die Tochter „unmöglich" aus. Ihre Stimme klingt abweisend und feindlich. Und doch überwindet sich die Mutter, nimmt die Tochter in den Arm und bittet sie innig um Vergebung.

„Eva, ich habe deinen Brief gelesen. Du hast ihn zerknüllt und in den Papierkorb geworfen. Nachdem ich ihn gelesen hatte, ist mir erschreckend deutlich geworden, was ich dir angetan haben muss. Ich verspreche dir, es wird anders!"

Die Tochter sitzt ihr gegenüber. Aus ihren Augen schießen wütende Blicke. „Hättest du dir das nicht eher überlegen können? Du hast mich nie ernst genommen. Meine Gefühle und Ansichten hast du belächelt oder madiggemacht. Meinen Sche...Bruder hast du vorgezogen. Ich war dir immer ein Dorn im Auge!"

Der Mutter verschlägt es die Sprache. Sie will zurückschlagen und sich diesen unverschämten Ton verbitten. Im letzten Augenblick hält sie sich zurück. Der Seelsorger hatte ihr den Tipp gegeben, sich nicht durch Vorwürfe aus der Fassung bringen zu lassen.

„Sie müssen sich anhören, was die Tochter auf dem Herzen hat. Es kann objektiv falsch sein. Wenn jemand es subjektiv so fühlt, haben wir es ernst zu nehmen. Kinder sind hervorragende Beobachter, aber schlechte Interpreten." Die Mutter hatte die Worte des Seelsorgers noch im Ohr. Sie presst ihre Lippen aufeinander, betet um Fassung und Geduld und nickt halb zustimmend.

„Eva, ich will es hören. Es fällt mir schwer. Aber ich spüre ja, dass du sehr unglücklich bist."

Die Tochter hatte sich vorgenommen, die Mutter so richtig fertigzumachen. Aber diese Töne der Mutter warfen ihr Konzept über den Haufen. Sie unterdrückte ihre Tränen und lief hinaus.

Die Mutter will wirklich einen Neuanfang. Den ersten Schritt hat sie getan.

- Vergebung ist ein erster Schritt in die richtige Richtung.
- Vergebung ist ein Anfang, die Fronten aufzuweichen.
- Vergebung ist eine Entscheidung, eine falsche Haltung aufzugeben.
- Vergebung ist ein Friedensangebot, die Waffen schweigen zu lassen.
- Vergebung ist ein Vertrauensvorschuss auf den anderen zu.
- Vergebung bedeutet, die Hintergedanken und Befürchtungen aufzugeben.

Mutter und Tochter haben noch keinen Frieden. Der Krieg zwischen den beiden ist noch nicht beendet. Vergebung ist ein Friedensangebot, die Waffen schweigen zu lassen. Jetzt beginnen die Verhandlungen, die kleinen Schritte aufeinander zu. Jetzt werden Vertrauensbeweise ausgetauscht.

Die Mutter hat Angst, dass die Tochter in die ausgestreckte Hand spuckt. Sie hat Angst, dass sie sich lächerlich macht. Sie hat Angst, dass die Tochter sie zum Narren hält.

Das zweite Gespräch

Die Mutter hat es mir ausführlich geschildert. Mutter und Tochter treffen wieder in der anrüchigen Kneipe zusammen. Die Mutter hat das Gespräch arrangiert. Die Tochter hat zugesagt. In den Augen der

Mutter sieht die Tochter verboten aus. Der knallrote Lippenstift, die schwarzen Lidschatten. Die Mutter fantasiert, sie habe eine jugendliche Prostituierte vor Augen. Aber sie hat sich fest vorgenommen,

- nicht zu schimpfen,
- nicht anzugreifen,
- sich nicht zu rechtfertigen.

Die Tochter war eine Viertelstunde später gekommen. Sie will provozieren. Sie will die Mutter herausfordern. Sie kann die jahrelangen Demütigungen nicht so einfach wegstecken. Das Kind hat eine grenzenlose Wut gespeichert.

„Was denkst du, wenn du mich so siehst?", fragt Eva.

„Ich bin traurig!" Die Mutter hat Tränen in den Augen. „Ich möchte mit dir glücklich sein!"

Das Mädchen rutscht auf dem Stuhl nach vorn und schreit die Mutter an: „Das glaubst du doch selbst nicht! Du nörgelst jahrelang an mir herum. Nichts konnte ich dir recht machen. Und wie ein Blitz aus heiterem Himmel willst du mit mir glücklich sein! Was glaubst du wohl, was dein himmlischer Beichtvater zu diesen haarsträubenden Lügen sagt?"

Die Mutter hat ihre Fäuste geballt. Aber sie schafft es zu beten. Sie erkennt, die Tochter muss ihren jahrelangen Frust herausschreien.

„Ich möchte wenigstens Frieden mit dir!"

„Damit Papa und du vor der Gemeinde wieder eine weiße Weste habt! Ihr hättet ja so gern eine Vorzeigefamilie. Aber jetzt müsst ihr euch schämen, dass ihr ein schwarzes Schaf im Stall habt!"

Die Tochter knallt mit der Peitsche. Die Worte tun weh.

„Ich habe den Eindruck, Eva, so kommen wir nicht weiter. Bitte, schreib doch mal alles auf, was dich belastet, was wir falsch gemacht haben. Und noch wichtiger: Was können wir tun, dass zwischen uns wirklich ein gutes Verhältnis wird?"

„Das sind doch alles nur Beschwichtigungsversuche. Faule Eier. Wenn ich zu Kreuze krieche, dann läuft alles so weiter."

Die Mutter lässt sich nicht abwimmeln.

„Du kannst doch die Probe aufs Exempel machen. Abhauen kannst du immer wieder, wenn du willst. Niemand kann dich festhalten.

Wir haben vieles falsch gemacht, aber das lässt sich doch ändern!"

Der Tochter ist offensichtlich die Munition ausgegangen. Die Mutter hat sich nicht provozieren lassen.

„Da muss ja ein Wunder passiert sein, dass ihr was falsch gemacht habt. Bisher war ich nur diejenige, die alles falsch gemacht hat, in euren Augen."

Mutter: „Wenn wir alle wirklich wollen, muss doch was Gutes dabei herauskommen!"

„Ich kann's nicht glauben. Aber ich probier's! Meinen Zoff schicke ich euch zu!"

Beide gehen auseinander. Wieder ist ein wichtiger Schritt getan.

Was macht das Beratungsbeispiel bisher deutlich?

1. Wer kämpft, verliert. Das kann man Eltern nicht genug ans Herz legen. In der Pubertätszeit werden viele Jugendliche radikal. Ihre Kritik ist scharf und übertrieben. Sie haben das Mittelmaß noch nicht gefunden. Außerdem wollen sie sich endlich vom Elternhaus lösen. Sie provozieren und kämpfen um Ablösung und Loslösung.

2. Die Mutter hat sich klug verhalten. Sie hat die Provokation nicht mit gleichen Waffen beantwortet. Kampf steigert die Feindseligkeit. Machtkampf fördert die Zerstrittenheit. Die Gräben vertiefen sich. Die Mutter hat die Wut der Tochter zugelassen. Sie hat sich auch nicht gerechtfertigt. Wer sich rechtfertigt, klagt sich an. Das Kind hatte sich auf Vorwürfe und Anklage eingestellt. Die Attacken verpuffen, wenn keiner zurückschießt.

3. Die Tochter durchschaut den Friedhofsfrieden. Viele Eltern wollen sich vor der Gemeinde nicht entblößen. Sie wollen Frieden um jeden Preis. Hauptsache die Fassade stimmt. Pubertierende hassen die Unehrlichkeit. Sie wollen aufdecken und nicht vertuschen. Sie wollen klare Fronten. Wehe, wenn die Vergebung ein Akt der Berechnung wird. Jugendliche sind radikal und hassen Unredlichkeit. Sie hassen ein feiges Doppelspiel.

4. Wer sich schlagen lässt, gewinnt. Die Mutter hat Prügel eingesteckt. Sie hat kommentarlos die Vorwürfe ernst genommen. Sie hat gelernt: Die Tochter hat subjektiv recht. Ihre Einstellung zur Mutter hat einen schweren Knacks bekommen. In der Wut versteckt sich Liebe, in der Bitterkeit schlummert die Sehnsucht nach Zuwendung.

Die Tochter hat es in einer Sitzung bestätigt. Als die Mutter nach dem zweiten Gespräch gegangen war, lief die Tochter auf die Toilette. Dort hat sie hemmungslos geweint. Die Begegnung mit der Mutter war ihr ein innerer Triumph. Vor den Augen der Mutter hat sie die Harte und Unerbittliche gespielt. Im Herzen aber brodelte es.

5. Die Tochter will den Triumph auskosten. Sie kann nicht von heute auf morgen umschwenken. Sie will nicht als „verlorene Tochter" in den Schoß der Familie zurückkriechen. Sie will den „Canossagang" ihrer Mutter genießen. Sie hat – berechtigt oder unberechtigt – Bitterkeit gespeichert, Ungerechtigkeit erlebt und Lieblosigkeit ausgehalten. Das müssen Eltern verstehen! Sie muss ihre Wutgefühle noch eine Zeit lang befriedigen. Was werden die Freunde sagen, wenn sie plötzlich „umfällt"? Sie muss ihr Gesicht wahren. Es sind keine geistlichen, aber menschliche Gefühle und Eindrücke.

Die Tochter schreibt ihren Anklagebrief

In einem Einzelgespräch mit der Tochter haben wir den Anklagebrief besprochen.

Es ist wichtig, dass sie alle Bitterkeit beim Namen nennt. Es ist wichtig, dass alle Frustrationen sorgfältig beschrieben werden. Verletzungen und Demütigungen, die wir als Eltern oft nicht vermuten und zugelassen haben, müssen konkretisiert werden.

Ich habe ihr geraten: „Was Sie oft in Gedanken und in der Fantasie formuliert haben, schreiben Sie es nieder!" Es hilft übrigens auch der Tochter, keine Banalitäten von sich zu geben.

„Schildern Sie präzise bestimmte Erlebnisse, die Sie noch vor Augen haben und wie diese auf Sie gewirkt haben." Zorn, dem wir eine Stimme verleihen, erfährt eine Entlastung. Wut, die wir gezielt aussprechen dürfen, verliert an Intensität.

Viele Seelsorger machen den Fehler, viel zu schnell den Mantel der „sogenannten Liebe" darüber zu decken und die Wut zu ersticken. Verdrängte Wut bringt uns zum Platzen. Sie steigert sich. Und die Vergebung zieht sich noch mehr in die Länge.

Eva hat einige Seiten geschrieben. Es ist interessant, dass die erste Seite viel härter und anklagender ausgefallen ist. Je mehr sie geschrieben hat, desto zurückhaltender und weniger aggressiv klingen ihre Vorwürfe. Die Niederschrift hat ihr eine ungeheure Befriedigung gebracht. Auf der ersten Seite hat sie einige Sätze mit rotem Stift unterstrichen.

„Ihr habt immer den Gerd vorgezogen!!!" – „Manchmal habe ich das Gefühl gehabt, ich könnte den Schleimer vergiften!" – „Mutti hat mich nie richtig in den Arm genommen!" – „Sie hat von morgens bis abends an mir rumgemeckert!"

Auf der zweiten Seite stehen harmlose Vorwürfe, die in jeder harmonischen Familie gemacht werden.

Am längsten hat sie an dem Abschnitt gearbeitet, in dem Wünsche an die Eltern formuliert werden sollten. Sie wünschte sich Zärtlichkeit, Zuwendung und ein offenes Ohr. Aber sie kann es noch nicht aussprechen. Noch schämt sie sich, ihre Wünsche konkret zu benennen.

Jeder Druck ist falsch. Jede Überredung zahlt sich nicht aus.

„Sie dürfen sich Zeit lassen!"

„Warten Sie ab, bis Ihre Gefühle stimmig sind!"

Warum ist diese Großzügigkeit hilfreich? Wenn ein Jugendlicher mir sagt, dass er in seiner Familie ständig einen moralischen Druck erlebt hat, ist es für mich ein Leitmotiv, genau dieses Verhalten konsequent zu unterlassen.

Wenn ein Kind – zu Recht oder Unrecht – ständig Vorhaltungen bekommen hat, ist es erforderlich, diese Vorhaltungen zu unterbinden.

Wie reagieren die Eltern auf diese Vorwürfe?

Als beide Eltern mich mit dem Brief der Tochter aufsuchten, spürte ich eine große Spannung in Vater und Mutter. Beide waren wütend und kochten innerlich. Sie hatten viele begründete Rechtfertigungen parat.

„Haben wir das nötig, uns solche Anklagen von einem unreifen Teenager sagen zu lassen?"

„Was haben wir alles für das Blag getan!"

„Wir haben uns krummgelegt. Unsere Ermahnungen prallten ab wie an einer Mauer."

„Welche Opfer haben wir für die Kinder auf uns genommen!"

Ich kann nur entgegnen: „Sie haben im Prinzip völlig recht. Sie müssen sich das auch nicht sagen lassen. Sie können die Unverschämtheit zurückweisen. Und was wird geschehen?"

Der Vater antwortet sofort: „Nichts!"

„Also was können Sie tun?"

Die Mutter nimmt kleinlaut Stellung: „Ich habe gemerkt, wenn wir nicht kämpfen und gegen die Eva anreden, bleibt sie ruhig und stellt ihre Vorwürfe ein."

„Was hindert Sie, es so zu halten?"

„Es fällt uns wahnsinnig schwer, alles zu schlucken und kommentarlos stehen zu lassen", sagt der Vater. „Wie würden Sie denn reagieren, wenn Ihre Tochter Ihnen Derartiges zumutet?"

„Ich würde so antworten: Liebe Tochter, ich habe deinen Anklagebrief gelesen. Er hat uns beide tief bewegt. Wir haben nicht gewusst, wie sehr du in den Jahren gelitten hast. Du empfindest es so, und wir können es nur so stehen lassen. Wir wollen uns jetzt Mühe geben, Verletzungen, die du als solche empfindest, wahrzunehmen, und wir bitten dich, diese uns zu melden."

„Und die Dummheiten der Eva, ihre Frechheit, ihr Drogenkonsum und ihre Schulschwänzerei dürfen nicht zur Sprache kommen?"

„Doch! Fragen Sie Ihre Tochter, wie sie das selbst bewertet und einschätzt. Je mehr Sie ihr Freiheit geben, über die Dinge zu reden, desto eher wird sie reden und ihre Schuld erkennen. Vorwürfe und Anklagen Ihrerseits halten das alte Kampfspiel aufrecht."

„Sie meinen auch, es war ein Kampf?"

„Ich bin fest davon überzeugt. Ihre Tochter wollte Sie mit ihren Waffen zwingen. Und darum müssen beide Parteien die Waffen niederlegen."

Eva ist wieder völlig in der Familie integriert

Und darüber ist mehr als ein Jahr vergangen. Eva hat sich sehnlichst gewünscht, wieder die Geborgenheit im Schoß der Familie zu erleben. Leider hat es zwischendurch ein paar hässliche Auseinandersetzungen gegeben. Die Eltern konnten es nicht lassen, ihr bei passender Gelegenheit ihre Enttäuschung um die Ohren zu schlagen. Die Tochter konterte prompt mit gleichen Enttäuschungen, die sie im Laufe der Jahre erfahren hatte.

Eltern und Eva hatten sich auf einen guten Kompromiss geeinigt: Weder Eltern noch Tochter machen Vorwürfe. Beide Seiten stellen Anklagen, negative Kritik und Vorhaltungen ein. Beide bemühen sich, ein Minimum an Rechten und Pflichten einzuhalten. Beide Seiten versprechen, bestimmte Wünsche zu respektieren.

Eva stellte auch ihren Haschkonsum ein, ging wieder regelmäßig zur Schule und stellte den Kontakt mit fragwürdigen Freundinnen und Freunden ein. Sie hatte es nicht mehr nötig, gegen die Eltern zu kämpfen. Solche extremen Verhaltens- und Umgangsmuster sind in der Regel Zeichen von Zorn, Verbitterung und Rachegefühlen.

Vergebung ist eine Reise, die aus vielen Schritten besteht

Der amerikanische Seelsorger hat den Vergebungsprozess auf den Punkt gebracht:
Vergebung braucht Zeit.
Vergebung braucht Heilungszeit.
Leib und Seele müssen wieder ins Gleichgewicht kommen. Verletzungen und Demütigungen müssen überwunden und abgelegt werden können. Niemand kann sich befehlen, bestimmte Traumata zu vergessen.

Ich erinnere mich an Frau Wenger, sie wurde drei Jahre lang von ihrem Mann betrogen. Er ging fremd. Sie hielt ihre Ehe für einigermaßen in Ordnung. Und dann fand sie in seiner Tasche den Zettel: „Ich liebe dich wahnsinnig! Das Weihnachtsfest ohne dich war schrecklich. Ich brenne darauf, deine zärtlichen Hände wieder zu spüren ...“

Wie ein Blitz fuhren Schrecken und Bitterkeit in die Frau. Sie hätte für ihn die Hand ins Feuer legen können. Sie hatte alles geglaubt, nur das nicht. Sie waren 15 Jahre verheiratet. Sie hatten zwei gut geratene Kinder. Ihr Leben stand Kopf. Zufriedenheit und Dankbarkeit waren mit einem Schlag verflogen. Wie gelähmt verbrachte sie den Tag. Nichts gelang ihr. Und immer wieder schossen ihr die Sätze durch den Kopf: Womit habe ich das verdient? Was habe ich getan, dass ich so hart bestraft werde?

Immer wieder tropften Tränen auf ihre Hände, die ruhelos im Schoß lagen. „Diese Demütigung werde ich ihm niemals verzeihen."

Aus Bitterkeit und Selbstmitleid wurden allmählich Hass und rasende Eifersucht.

Statt des Abendessens würde sie ihm den Zettel seiner Geliebten auf den Tisch legen.

Am späten Nachmittag kam der Mann nach Hause, leicht beschwingt wie immer.

Als er die Wohnung betrat, verging ihm das Lachen. Seine Frau warf ihm einen vernichtenden Blick entgegen. Er hatte noch nicht abgelegt, da erblickte er den Zettel seiner Geliebten. Am liebsten wäre er im Boden versunken. Aber sie stand da, beobachtete jede seiner Bewegungen. Und dann schrie sie ihn an: „Du Schwein, du Hurenbock!" Seine Frau hatte nie im Leben solche Ausdrücke benutzt. Sie war eher ein Seelchen. Sie benutzte leise Töne. Er bekam kein Wort heraus. Er ließ sich in den Sessel fallen, bedeckte sein Gesicht mit beiden Händen und schwieg.

„Noch heute wirst du unsere Wohnung verlassen. Zieh zu deinem Flittchen. Du hast unser gemeinsames Leben zerstört. Ich will dich nicht mehr sehen!"

Sie weinte und schrie gleichzeitig. Wut und Liebe beherrschten ihre Gefühle.

Er sprang auf, alle Felle schienen ihm wegzuschwimmen, rannte auf seine Frau zu und nahm sie fest in den Arm. Sie wehrte sich mit Fäusten, aber er ließ nicht locker.

„Ich liebe dich, auch wenn du mir nicht glaubst! Niemals wäre ich auf die Idee gekommen, dich zu verlassen. – Das mit der anderen ist nur ein sexuelles Abenteuer."

„Nur ein sexuelles Abenteuer! Du hast mich schändlich hintergangen! Ich könnte dich umbringen!" Er ließ seine Frau nicht los. Und sie hatte ihren Widerstand längst aufgegeben.

Beide kamen nacheinander in die Beratung. Nach dem ersten Sturm hatten sich die Wogen geglättet. Der fünfundvierzig Jahre alte Mann war an eine Dreißigjährige in der Firma geraten. Auf der Betriebsfeier waren sie sich zum ersten Mal sexuell näher gekommen. Daraus hatten sich ständig sexuelle Kontakte ergeben. Die Beratung brachte Folgendes ans Licht:

1. Mann und Geliebte hatten niemals vor, eine Ehe einzugehen.
Auch die junge Frau wollte ihre Freiheit behalten und war mit gelegentlichen Schäferstündchen einverstanden. Die junge Frau hatte zwei feste Beziehungen hinter sich, die jeweils nach zwei Jahren gescheitert waren. Von festen Verhältnissen hatte sie die Nase voll, wie mir der Mann berichtete.

2. Das Ehepaar hatte seit drei Jahren keine sexuellen Beziehungen mehr.
Übereinstimmend berichteten mir das beide Partner. Der Ehemann hatte es aufgegeben, seine Frau zu bedrängen. Die Frau war ahnungslos und gleichgültig darüber hinweggegangen.

3. Auch die Frau will die Ehe nicht aufgeben.
Ihre Liebesgefühle dem Mann gegenüber hatten Wut und Verzweiflung verrauchen lassen. Anfangs wollte sie ihn bestrafen. Sie wollte ihn rachsüchtig ins Elend stürzen.
Als ihr im Gespräch klar wurde, dass sie sich mehr schaden würde als ihm, gab sie ihre Vergeltungsgedanken auf. Zeit ihres Lebens würde sie ihrer Liebe nachtrauern.

4. Die Vergebung ließ auf sich warten.
Der Mann bestürmte immer wieder seine Frau, ihm doch den jahrelangen Fehltritt zu vergeben. Lange hielt er sie in den Armen, sie ließ das auch zu, nur die Vergebung konnte sie ihm noch nicht zusprechen. Ehrlich gestand sie ihren Stolz.

Endlich saß sie am längeren Hebel und konnte ihn zappeln lassen.

Außerdem war er seit Jahren nicht mehr so zärtlich gewesen. Das wollte sie genießen.

„Er soll sich Mühe geben, das kann ich doch wohl verlangen! Wenn ich's ihm zu leicht mache, macht er sich doch über mich lustig!"

Sie wollte ihre Eifersucht und ihre Bitterkeit befriedigen.

Beide gingen in den Gottesdienst und kamen jedes Mal bedrückt zurück. Beide spürten ihre Unehrlichkeit. Die Frau betete und kämpfte mit ihrem Stolz.

Aber sie wollte sich ihm auch nicht wieder sexuell zuwenden.

„Wenn ich an die Zärtlichkeiten denke, die er ihr geschenkt hat, werde ich verrückt! Ich habe doch keine Garantie, dass er nicht jedes Mal an die andere denkt."

Das Wort „Flittchen" kam nicht mehr über ihre Lippen. Sie ließ sich wieder küssen, auch über dem Kleid streicheln. Zu mehr war sie nicht bereit.

Fast ein halbes Jahr war vergangen, seit die Frau den Skandal mit ihrem Mann aufgedeckt hatte. Beide gingen liebevoller und zärtlicher miteinander um als in den Jahren vor der Affäre. Aber die Vergebung stand noch aus. Und eine sexuell körperliche Annäherung hatte auch noch nicht stattgefunden.

Nach vielen Gebeten und einer intensiven Sitzung sprach sie ihm die Vergebung zu.

Mit einer Einschränkung: „Bitte, gönn' mir noch ein halbes Jahr Zeit, ehe wir uns wieder körperlich lieben. Ich habe den Eindruck, alles verspannt sich in mir, wenn ich daran denke, was du alles mit der anderen getan hast."

Er gab nicht auf und schenkte ihr die Zeit.

Er war traurig, aber nicht verzweifelt.

Er hatte die Geduld und dies war ein Segen für die Ehe.

Um ehrlich zu sein, es hat fast ein ganzes Jahr gebraucht, um die sexuelle Harmonie zu gewährleisten. Schon vor der Affäre mit der fremden Frau hatten sich Abwehr und Unlust eingestellt. Seine sexuellen Ansprüche waren ihr zu viel. Und seine verschiedenen

Wünsche erschienen ihr pervers. Jetzt hatte sie „plausible Gründe", ihn abzuwehren. Nur mit verbaler Vorsicht gelang es mir als Mann, die Entschuldigungen der Frau durchschaubar zu machen.

Krisen in der Ehe sind keine Katastrophen.

Krisen in der Ehe sind Barrieren, die gemeinsam gemeistert werden müssen.

Krisen in der Ehe sind Herausforderungen Gottes: Wir scheitern oder wir wachsen fester zusammen als bisher.

In der Tat, Vergebung braucht Heilungszeit.

Vergebung ist eine Reise mit vielen Schritten.

Vergebung ist häufig ein langwieriger Prozess.

Vergebung muss den ganzen Menschen erfassen:

- Die Seele,
- alle Gefühle,
- den Körper,
- Herzen, Mund und Hände.

Vergebung umfasst mehr, als ein Gebot Gottes gehorsam zu erfüllen. Sie ist ein Geschenk, die Vergangenheit loszulassen. Sie ist die Zumutung, die Ehe heute im Auge zu haben. Sie ist das Versprechen: Jede Veränderung lohnt sich. Vergebung ist die Mut machende Zuversicht: Der Partner meint es gut mit mir. Wer vergibt, schenkt Vertrauen im Voraus. Wer nicht vergibt, pflegt sein Misstrauen. Vergebung ist die Verheißung: Wir wollen uns mit Gottes Hilfe gegenseitig in den Himmel bringen.

Vergeltung statt Vergebung im partnerschaftlichen Umgang – Fragen zur Selbsterforschung

1. Ich mache dem Partner Vorhaltungen   0 1 2 3

2. Ich kritisiere Kleinigkeiten   0 1 2 3

3. Ich zeige ihm die kalte Schulter   0 1 2 3

4. Ich schmolle   0 1 2 3

5. Ich strafe ihn durch Liebesentzug   0 1 2 3

6. Ich strafe ihn durch Verweigerung des Geschlechtsverkehrs   0 1 2 3

7. Ich verkehre sexuell mit ihm, aber in kalter Gefügigkeit   0 1 2 3

8. Ich schenke ihm keine Zärtlichkeiten mehr   0 1 2 3

9. Ich verweigere ihm die Hilfsbereitschaft   0 1 2 3

10. Ich zeige ihm ein überlegenes Lächeln   0 1 2 3

11. Ich bin schroff und abweisend zu ihm   0 1 2 3

12. Ich spreche offene oder verschleierte Scheidungsdrohungen aus   0 1 2 3

13. Ich demütige ihn vor anderen   0 1 2 3

14. Ich fliehe oft in Müdigkeit   0 1 2 3

15. Ich fliehe in ehrenamtliche Tätigkeiten   0 1 2 3

16. Ich rede nicht mehr mit ihm (tagelang, wochenlang)   0 1 2 3

17. Ich wünsche ihm Böses (z. B. weil er trinkt)   0 1 2 3

18. Ich räche mich durch fremdgehen   0 1 2 3

19. Ich benutze Krankheiten, um ihn zu treffen   0 1 2 3

20. Ich strafe ihn durch unkontrollierte teure Einkäufe   0 1 2 3

Die Zahlen bedeuten: 0 = gar nicht; 1 = wenig; 2 = etwas; 3 = viel
Streichen Sie die Zahlen an, die für Sie in Frage kommen!

Anregungen für die Verwendung des Fragebogens „Vergeltung statt Vergebung"

1. Der Bogen kann in der Partnerschaftsberatung benutzt werden, wenn die Probleme der beiden beantwortet wurden. Der Seelsorger hat erkannt, welche Ziele die beiden verfolgen.

2. Auch wenn nur ein Partner kommt, müssen die irrtümlichen Ziele der beiden herausgearbeitet werden.

3. Die Auswertung des Bogens kann für die gegenseitige Vergebung eine wesentliche Rolle spielen.

4. Der Selbsterfassungsbogen gibt dem Ratsuchenden die Möglichkeit, konkret seine ungeistlichen Muster zu benennen, die der Vergebung bedürfen.

5. Mit welchem Punkt will er konkret eine Lebensstilkorrektur in Angriff nehmen?

Vergeben und Verzeihen – in Ehe und Partnerschaft
Ein Selbsterforschungsfragebogen

Ihr Partner hat Sie bewusst oder unbewusst sehr verletzt

a) Sie sprechen sofort die Verletzung an, weil Sie klären
möchten   4

b) Sie lassen ihn eine Zeit lang die Verletzung spüren   2

c) Sie ziehen sich innerlich und äußerlich zurück, bis der
Partner seinen Fehler einsieht   0

Sie haben Streit mit Ihrem Partner

a) Ihnen fällt es in der Regel leicht zu vergeben   4

b) Sie haben innere Schwierigkeiten zu überwinden,
ehe Sie vergeben können   2

c) Ärger und Verbitterung machen Ihnen die Vergebung
sehr schwer   0

**Eine unklare Verstimmung hat sich zwischen Ihnen
eingeschlichen**

a) Ihnen fällt es nicht schwer, offen das Problem anzusprechen   4

b) Sie brüten lange über möglichen Gründen und Motiven   2

c) Sie fühlen sich wie gelähmt und können nicht den ersten
Schritt zur Klärung gehen   0

Beide sind wütend aufeinander und legen sich schlafen

a) Sie können und wollen nicht schlafen, bevor das Missverständnis ausgeräumt ist   4

b) Es macht Ihnen einige Schwierigkeiten, die Hand zur
Versöhnung auszustrecken   2

c) Sie wollen nicht einlenken, bevor der andere nicht eingehend über sein Unrecht nachgedacht hat   0

Sie glauben, auf einer Party oder einem Gemeindefest hat Ihr Partner heftig mit einer anderen (oder einem anderen) geflirtet

a) Sie werden ihn fragen, ob der Flirt mit ihm oder ihr Vergnügen bereitet hat   4

b) Sie werden darüber schweigen, aber den Ärger nicht so schnell vergessen   2

c) Sie werden darüber schweigen und sich bei passender Gelegenheit revanchieren   0

Ihr Partner hat einen Einkauf, der Ihnen wichtig ist, vergessen

a) Sie legen es nicht als Lieblosigkeit aus und bitten ihn herzlich, morgen an den Einkauf zu denken   4

b) Sie sprechen Ihre Verärgerung an, lassen dann aber den Vorfall auf sich beruhen   2

c) Sie machen ihm eine Szene und zählen alle „Sünden" der Vergangenheit auf, die Sie ihm vorrechnen   0

Ihr Partner hatte eine Affäre. Er sagt Ihnen, sie sei vorbei

a) Sie zeigen ihm Ihre uneingeschränkte Liebe und sprechen nicht mehr davon   4

b) Sie können die Sache nicht vergessen und sprechen gelegentlich Ihre Eifersucht an   2

c) Sie löchern Ihren Partner immer wieder mit Fragen, wie weit die Affäre ging, und wollen alle Einzelheiten wissen   0

Ein Ehebruch ist geschehen. Sie sind traurig und verletzt. Der Partner hat eindrücklich um Vergebung gebeten

a) Sie sind froh, dass die Beziehungsstörung vorbei ist und können sich dem Partner wieder uneingeschränkt zuwenden   4

b) Sie akzeptieren die Vergebung und vergeben ihm auch, aber Sie begegnen ihm vorsichtig und misstrauisch   2

c) Sie vergeben ihm mit dem Kopf, aber nicht mit dem Herzen. Im Tiefsten ist keine Versöhnung geschehen   0

Ihr Partner hat den Hochzeitstag vergessen

a) Sie machen dem anderen und sich trotzdem eine Freude und schlachten den Fehler nicht aus   4

b) Eine Moralpredigt können Sie sich nicht verkneifen, aber Sie haben auch eine Überraschung für ihn bereit   2

c) Sie sind so verbittert, dass Sie allein ins Theater gehen oder sich ein Essen im guten Restaurant servieren lassen   0

Ihr Partner überfällt Sie mit Vorwürfen und mit Kritik

a) Sie sind erschrocken, fassen sich aber sofort und erklären etwa: „Du bist offensichtlich unzufrieden mit mir. Hilf mir, dass ich deinen Ärger richtig verstehe!"   4

b) Sie reagieren zunächst gereizt und verschärfen die Auseinandersetzung. Dann sorgen Sie aber dafür, dass sachlich über die Thematik geredet wird   2

c) Sie gehen sofort zum Angriff über und rechnen ihm seine Fehler und Versäumnisse vor   0

Hinweise für den Selbsterforschungsfragebogen „Vergeben und Verzeihen – in Ehe und Partnerschaft"

1. Frauen und Männer füllen jeder für sich den Bogen aus. Seien Sie ehrlich zu sich selbst! Die Buchstaben a), b) und c) enthalten mögliche Antworten und Ihre Reaktionen. Streichen Sie den Buchstaben an, der Ihre Verhaltens- und Einstellungsmuster am ehesten widerspiegelt.

2. Zählen Sie am Schluss die Punkte zusammen und lesen Sie erst dann, was zu den Punkten gesagt ist.

Bis zu 12 Punkten

Ihnen fällt Vergeben und Verzeihen schwer. Vielleicht ist auch Ihr Selbstwertgefühl schwach. Sie sind empfindlich und reagieren schnell beleidigt. Häufig warten Sie ab, bis der andere kommt und den ersten Schritt macht. Sie tragen nach und neigen dazu, sich zu rächen. Es ist keine Frage, dass Ihre Beziehung häufig spannungsgeladen ist. Fragen an den Betroffenen:

– Welche Verhaltensmuster, die oft unter a positiv beantwortet wurden, fallen Ihnen am schwersten?
– Welches Reaktionsmuster macht Ihrem Partner die größten Schwierigkeiten?
– Sind Sie bereit, ein liebloses und beziehungsstörendes Verhalten in Arbeit und ins Gebet zu nehmen?

12 bis 20 Punkte

Auch Ihnen fällt Vergebung und Verzeihen schwer. Auch Sie sind empfindlich und gerechtigkeitsliebend. Häufig ist Ihre Vergebung halbherzig. Sie bestrafen sich und den Partner. Sie tragen nach und können die Verletzung schlecht loslassen. Wenn der Partner kommt, kann die Beziehung aufrecht erhalten werden. Kommt der Partner nicht, bleiben Wunden, die nicht völlig verheilen. – Fragen an den Betroffenen:

– Sind Selbstwert und Selbstvertrauen angeschlagen? Haben Sie den Eindruck, dass Sie an Ihrem Selbstverständnis arbeiten sollten?
– Was sind die Motive, sich einzuigeln bzw. sich zurückzuziehen?

20 bis 30 Punkte

Sie können über sich glücklich sein, dass die Vernunft immer wieder siegt, dass Sie Wut und Verärgerung loslassen können. Im Wesentlichen erreichen Sie Frieden und Harmonie, weil die Liebe stärker ist als die Verletzung. Ihnen gelingt es, den Widerspruch und die Kränkung zu überwinden. Die Vergebungsbereitschaft ist stärker als das Vergeltungsstreben.

30 bis 40 Punkte

Sie sind zu beneiden, dass Ihre Nächstenliebe stärker ist als Ihre Selbstliebe. Auf Fehlern und Schwächen reiten Sie nicht herum. Sie tragen nicht nach und rechnen Versäumnisse des Partners nicht auf. Fehler und Lieblosigkeiten deuten Sie konstruktiv, gießen kein Öl ins Feuer und gewinnen dadurch Ihren Partner. Ihre Reaktionen sind hilfreich. Sie schlagen nicht zurück und stärken die Harmonie.

Die Kraft zur Vergebung ist ein Gottesgeschenk.

Kapitel 9:
Irrtümer, mit Verletzungen umzugehen

Verletzungen, Demütigungen und Kränkungen gehören zu unserem Leben. Wo junge oder ältere Menschen zusammenleben, gibt es Missverständnisse, Reibungen und schmerzhafte Auseinandersetzungen, die sehr weh tun können.

Es gibt viele Verhaltensmuster, mit Verletzungen umzugehen. Verletzungen gehören aber auch zu den Hauptursachen, die Vergebung erforderlich machen. Wer Verletzungen schief und subjektiv deutet, kann die Vergebung verhindern.

Schauen wir uns einige Irrtümer an.

Irrtum Nr. 1: Gute Absichten verhindern Verletzungen

Gute Absichten sind in der Regel gut gemeint. Gut gemeint ist aber nicht gut. In meiner zwanzigjährigen Seelsorgepraxis habe ich mir angewöhnt zu sagen: „Die guten Absichten sind Fehler in der Kommunikation." Einige Beispiele verdeutlichen es:

- Eltern und Erzieher wollen immer das Beste *für* ihre Kinder.
- Der Ehepartner macht sich viele Gedanken *für* den Partner.
- Krankenpflegekräfte sorgen ernsthaft *für* ihre Pflegebefohlenen.

Was ist daran falsch, was ist daran problematisch?

Die guten Absichten sind Wahrnehmungen der Eltern, Ehepartner und Pflegekräfte. Sie überfordern, verletzen und enttäuschen, weil sie die Betroffenen *nicht gefragt* haben.

„*Ich* weiß, was für dich gut ist!"

„*Ich* weiß, was das Beste für dich ist!"

„*Ich* glaube dich zu kennen. Deine Wünsche spüre ich im Herzen."

Wer für den anderen denkt, plant und entscheidet, spielt sich zum „Propheten" auf. Er weiß alles. Er verhält sich selbstherrlich und verletzt den anderen. Vielleicht misshandelt er ihn sogar.

Die guten Absichten *entmündigen*.

Die guten Absichten machen *wehrlos*.

Die guten Absichten können unglaublich *verletzen*.

Ist der Betroffene beleidigt, sieht der Gutmeinende seinen Fehler nicht einmal ein.

Er schimpft auf die Undankbarkeit seines Gegenübers. Er hat sich die größte Mühe gegeben und erfährt Vorwürfe. Jetzt soll er auch noch um Vergebung bitten? Das ist zu viel verlangt.

Irrtum Nr. 2: Christen stecken Verletzungen demütig weg

Auch das ist ein großer Irrtum. Wir können Verletzungen nicht folgenlos wegstecken. Sie rumoren im Herzen und im Körper. Verletzungen treffen immer den ganzen Menschen. Die Psychosomatik, die Lehre von den Wechselwirkungen zwischen Leib, Geist und Seele hat uns deutlich gemacht, dass unverarbeitete Verletzungen uns psychisch und organisch krankmachen können. Vom Scheitel bis zur Sohle können die verschiedensten Organe in Mitleidenschaft gezogen werden. Schon das Alte Testament hat diesen Tatbestand unmissverständlich formuliert:

„Als ich es wollte verschweigen, verschmachteten meine Gebeine durch mein tägliches Klagen." (Psalm 32, 3) Wenn wir diesen Text in die Gegenwart übertragen, dann heißt das: „... da rebellierten meine Organe."

Außerdem wird die christliche Demut völlig missverstanden. Es ist keine Demut, wenn Christen widerspruchslos Kränkungen und Verletzungen einstecken, sondern hier spielt in der Regel Angst eine Rolle. Christen, die Kränkungen wortlos ertragen, ermutigen ihre Peiniger, mit den Demütigungen fortzufahren.

Jesus bezieht eine klare Stellung, wenn er fordert: „Wenn dein Bruder sündigt, weise ihn zurecht, und wenn er sich ändert, vergib ihm. Und wenn er sich siebenmal am Tag gegen dich versündigt und siebenmal wieder zu dir kommt und sagt: Ich will mich ändern, so sollst du ihm vergeben." (Lukas 17, 3.4) Das ist:

Keine Duldung, sondern Zurechtweisung des anderen.

Kein wortloses Schlucken, sondern Ermahnung des Verletzers.

Irrtum Nr. 3: Ich kann nur vergeben, wenn meine Gefühle mitspielen

Die Bibel sagt an keiner Stelle, dass unsere Gefühle mit dem Gebot der Vergebung übereinstimmen müssen. Die Gegenargumente lauten: „Wenn ich vergebe und meine Gefühle rebellieren, dann bin ich unehrlich!" – „Vergebung ohne Zustimmung der Gefühle ist Heuchelei!"

Der amerikanische Theologe und Seelsorger Jay E. Adams schreibt dazu: „Dieser Einwand ist ebenso verständlich wie unbegründet. Die Fragestellung geht von einem Verständnis von Heuchelei aus, das nicht dem biblischen Verständnis entspricht. ... Jeden Morgen tue ich etwas, das gegen meine Gefühle geht: Ich stehe auf. Es gibt kaum einen Tag, an dem ich wirklich aufstehen will. Ich möchte lieber den Wecker aus dem Fenster werfen, den Kopf unter die Decke stecken und alles vergessen. Aber ich tue es nicht: Ich stehe auf. Bin ich deswegen ein Heuchler? Natürlich nicht. Den ganzen Tag muss ich immer wieder Dinge tun, die meinem Gefühl entgegenlaufen, um meine Verantwortung vor Gott und den Menschen wahrzunehmen."[16]

Unsere Zeit beschäftigt sich sehr mit Gefühlen. Wir wollen sie ernst nehmen. Aber Adams hat recht, Vergebung ist ein Gebot Gottes. Von der Übereinstimmung unseres Willens mit den Gefühlen ist nicht die Rede. Eine Vergebung, die unserem Pflichtbewusstsein entspricht, muss nicht unaufrichtig sein. Vergebung beruht nicht auf einem Gefühl, sondern auf einem Versprechen. Und Versprechen kann ich geben, ob mir danach zumute ist oder nicht.

Wie oft habe ich meiner Frau versprochen, nach dem Dienst noch einen weiten Umweg zu machen, um ihr etwas zu besorgen. Ich habe es versprochen, meine Gefühle haben mir etwas ganz anderes gesagt.

Irrtum Nr. 4: Ohne Rechtfertigung können wir nicht zusammenleben!

Das ist vielfach die Praxis in der Gemeinschaft. Wir rechtfertigen uns den lieben langen Tag:

„Du hast mich provoziert, darum musste ich so handeln!"

„Ich war den ganzen Tag so gestresst, darum habe ich dich so angebrüllt!"

„Wenn der Fön nicht gewesen wäre, hätte ich die Arbeit vorzüglich geschrieben."

„Der Chef in der Firma war so eklig und gemein zu mir, dass ich gekündigt habe."

Rechtfertigungen sind Ausreden.

Rechtfertigungen sind Selbstschutzmechanismen.

Rechtfertigungen haben eine Alibifunktion.

Warum können wir Fehler nicht zugeben?

Warum klammern wir uns an Ausreden?

Seit dem Sündenfall fällt uns die Vergebungsbereitschaft schwer. Wir wollen uns behaupten und mit weißer Weste dastehen.

Wer seine Schuld zugeben kann, ist auf dem besten Wege, Buße zu tun.

Zur Gesinnungsänderung gehört auch, sich nicht mehr zu rechtfertigen.

Es gibt bewusste Christen, die die Geschichte des Sündenfalls mit anderen Augen lesen. Sie sagen: „Adam und Eva haben von ihrem guten Recht Gebrauch gemacht, sich zu rechtfertigen. Jeder Angeklagte, der vor Gericht steht, hat die Möglichkeit, sein Recht zu verteidigen. Die beiden haben es getan."

Adam und Eva haben nicht ihr Recht verteidigt, sie haben sich gerechtfertigt. Sie haben sich herausgeredet. Wer Unrecht abwehrt, handelt richtig. Wer um sein Recht kämpft, handelt in dieser Welt gesetzeskonform. Es gibt ein schönes Sprichwort, das heißt: „Wer sich rechtfertigt, klagt sich an!" Je hartnäckiger wir uns verteidigen, desto tiefer die Selbstanklagen.

Meine Frau und ich besuchten vor einigen Jahren den Wuppertaler Theologieprofessor Dr. Röhricht. Wir unterhielten uns über Eheberatung. Im Laufe des Gesprächs äußerte er einen Satz, den ich nie mehr vergessen habe: „Der Verzicht auf Rechtfertigung ist der erste Schritt zur Heiligung." – Was ist Heiligung?

- Heiligung meint den Vorgang des Heilig-Werdens. Gott macht uns durch Christus heilig.

- Christus ist uns gemacht von Gott zur Heiligung. (1. Korinther 1, 30)
- Vollkommene Heiligkeit kommt nur Gott zu.
- Heiligung ist nicht mein Werk, sondern sein Werk.
- Heiligung meint völlige Hingabe an Gott.

Irrtum Nr. 5: Wer ehrlich will, der kann auch Verletzungen weggeben

Nein. Viele feine Christen wollen mit dem Kopf ehrlich und aufrichtig vergeben. Sie beten um Kraft und schaffen es nicht. Sie glauben das Vergebungsgebot Christi erfüllen zu müssen. Pflichtbewusst und gehorsam treten sie an – und überfordern sich. Im Grunde haben sie sich überschätzt. Sie kennen ihre menschlichen Schwächen zu wenig.

Wer beispielsweise ungewollt in Kindheit und Jugendalter Rache und Vergeltung zur Lebensdevise erhoben hat, wird geistliche Schwierigkeiten mit der Vergebung haben. Das Vergeltungsprinzip ist tief im Innersten beheimatet. Wie Unkraut, das sich durch alle Ritzen und Fugen im Beton einen Weg sucht, so bahnen sich Vergeltungsmuster, die zur Strategie geworden sind, einen Weg. Im Grunde müssen diese ungeistlichen Einstellungsmuster zuerst behandelt werden. Ehrliche Christen werden sonst von diesen Mustern überrollt.

Wer auf Zurückschlagen trainiert wurde, hat mit der Vergebung Schwierigkeiten.

Vergebung ist ein geistliches Prinzip. Wem die *Einsicht* der Vergebung von Gott geschenkt wird, der kann Verletzungen weggeben, auch wenn seine Gefühle noch Schwierigkeiten machen.

Irrtum Nr. 6: Wirkliche Vergebung muss alle Verletzungen mit einem Schlag auslöschen

Ist die Vergebung im Namen Jesu ausgesprochen, muss blitzartig eine Veränderung des Denkens, Fühlens und Handelns einsetzen. Das *kann* geschehen. Und solche Beispiele können viele Christen zwei-felsfrei beisteuern.

In vielen Fällen ist es aber anders. Schwere Verletzungen haben eine Person tief erschüttert. Wer hochsensibel reagiert, wer zur Empfindlichkeit neigt und mit einem „fotografischen" Gedächtnis ausgestattet ist, kann – menschlich gesprochen – die Verletzung nicht sofort weggeben. Er betet ernsthaft, aber seine psychische Labilität spielt ihm einen Streich. Er wird von Ängsten gepeinigt, er könnte morgen wieder verletzt werden. Seine befürchtende und negative Lebenseinstellung macht es ihm unmöglich, die erfahrenen Kränkungen loszulassen.

Menschen, die jahrelang im KZ gepeinigt, geschlagen, gedemütigt und wie Tiere behandelt wurden, wie sollen sie ihre seelischen und körperlichen Verletzungen mit einem Schlage hinter sich lassen können?

Das ist eine Frau jahrelang auf brutalste Weise vom Stiefvater sexuell missbraucht worden. Sie ist verheiratet, hat dem Täter vergeben, aber sie ist immer noch vom Hals abwärts bis in die Schamgegend verspannt und verkrampft. Sie hat den Täter losgelassen. Aber die Verspannungen sind Jahrzehnte später noch spürbar.

Wer will ihr mangelnden Glauben vorwerfen?

Wer kann ihr den Ernst der Vergebung absprechen?

Irrtum Nr. 7: Sich aussprechen ist praktizierte Vergebung

Wer beichtet, bejaht etwas. Das Wort geht zurück auf das althochdeutsche Wort „bejicht" und bedeutet dort soviel wie „Aussage, Bekenntnis". Eine wirkliche Beichte enthält drei Schritte:

• Das *Erkennen* der Schuld,
• Das *Anerkennen* der Schuld,
• Das *Bekennen* der Schuld.

Viele seelsorgerlichen Gespräche sind keine Beichtgespräche. Ein Mensch will sich entlasten. Zweifellos erleichtern solche Gespräche. Denn wer etwas mitteilt, der teilt seine Freude und seine Lasten mit einem anderen.

Sehr schön beschreibt Werner Jentsch diesen Vorgang und zitiert ein Beispiel aus dem Buch von Manfred Bieler „Mädchenkrieg". Jentsch nennt das Gespräch hintersinnig.

„Eine Frau (Sophia) hat die Ehe gebrochen. P.: ‚Haben Sie sich diesem Mann hingegeben?'

‚Ja.'

P.: ‚Wollen Sie bekennen, wie oft?'

‚Oft.'

‚Und nun bereuen Sie?'

‚Verzeihung', antwortete Sophia. ‚Aber ich habe es Ihnen nur erzählt, weil sonst niemand da ist, dem ich es sagen könnte.'

Die wenigen Sätze machen ein wichtiges Phänomen deutlich: schon Beichten als solches hat etwas Befreiendes. Es macht wirklich frei und froh. Wer beichtet, sagt aber nicht nur Ja zu seiner Sünde, sondern letzten Endes auch Ja zu Christus. Wenigstens liefert er sich diesem Christus völlig aus. Sündenbekenntnis und Christusbekenntnis gehören unauflöslich zusammen."[17]

Sophia wollte sich mitteilen. Es tat ihr gut, sich zu offenbaren. Vielleicht gefiel sie sich auch in ihrer Rolle. Ein wirkliches Beichtgespräch war das aber nicht.

Sie wollte erzählen, aber nicht beichten.

Sie wollte sich mitteilen, aber keine Buße tun.

Sie wollte vielleicht sogar schockieren, aber ihre Sünde nicht bereuen.

Irrtum Nr. 8: Der Seitensprung ist keine Affäre

Über die Ehe werden viele Dummheiten und Lügen verbreitet. Diese Lügen sind Selbstrechtfertigungen. Sie offenbaren den Geist dessen, der sie verbreitet. Wie heißen diese Lügen?

Lüge Nr. 1: Der Seitensprung ist keine Affäre. Was der Partner nicht weiß, macht ihn nicht heiß.

Lüge Nr. 2: Die kreative Affäre belebt eine müde Ehe. Neue Erfahrungen bringen neuen Schwung in alte Gewohnheiten.

Lüge Nr. 3: Ehebruch ist ein hilfreiches Sanierungskonzept für eine langweilige Ehe. Prüderie ist out, Genuss ist in.

Lüge Nr. 4: Wer sich draußen ausgetobt hat, wird in der Ehe umso treuer sein.

Lüge Nr. 5: Ehebruch ist in erster Linie eine Praxis für Männer. – Harry Müller in „Family" unter dem Thema „Seitensprung": „Umfrageergebnisse über das Treueverhalten zeigen, dass fast sechzig Prozent der Frauen in der Bundesrepublik einmal oder mehrmals während einer festen Liebesbeziehung dem festen Partner untreu wurden."

Lüge Nr. 6: Untreue ist gesellschaftsfähig geworden. Wenn die Mehrheit es tut, ist es ethisch verantwortbar. Die Fakten sind normgebend.

Lüge Nr. 7: Ich muss meinen Partner belügen. Er darf von meiner Liebschaft nichts erfahren, er wird sonst unruhig, eifersüchtig und unausstehlich.

Was sind die Folgen des Ehebruchs?

1. Die Angst, entdeckt zu werden, lähmt die Beziehung. Der Ehebrecher ist mit seinen Gedanken und Gefühlen woanders. Statt Konflikte in der Beziehung zu klären, wählt der Ehebrecher die Flucht.
2. Die verbotene Frucht schmeckt lecker. Das verbotene Spiel reizt. Der Ehebruch findet in der Regel in schwerelosen Stunden statt. Der Alltag fehlt.
3. Die Entfremdung der Partner schreitet unbemerkt fort. Die Zerrüttung der eigenen Beziehung eskaliert. Der fremde Partner gewinnt, der eigene Partner verliert.
4. Der Ehebrecher leidet unter Schuldgefühlen, vor allem wenn er Christ ist. Der Glaube wird mehr und mehr relativiert.
5. Viele Ehepartner werden mit dem Ehebruch nicht fertig, sie flie-

hen in Drogenkonsum, in die Arbeit oder andere Ersatzbefriedigungen.

6. Die Probleme der Partnerschaft werden zugedeckt und durch Ehebruch kompensiert.

7. Für 58 Prozent aller verheirateten Männer und Frauen ist der Seitensprung bzw. Ehebruch ein Trennungsgrund. Das berichtete „Der Spiegel" in seiner Ausgabe 12/1998, S. 138.

8. Ehebruch ist statistisch gesehen der Hauptpunkt für Trennungen und Scheidungen in der westlichen Welt. Vor allem Frauen werden mit den Kränkungen und Demütigungen ihrer Partner nicht fertig.

9. „Tatsächlich sind sich nahezu alle Psychotherapeuten einig, der entdeckte sexuelle Betrug ist eine tiefe Kränkung an Seele, Geist und Körper."[18]

Schon sprachlich wird der Ehebruch verharmlost. Es handelt sich ja nur um eine „kleine Affäre", um einen „Seitensprung" und um ein „Kavaliersdelikt".

Er soll verschwiegen werden, um den Partner nicht zu beunruhigen. Nur selten bleibt dem Partner über längere Zeit der Ehebruch verborgen. Die Irrtümer über den Ehebruch sind Ausreden. Männer und Frauen, die sich vor und neben der Ehe ausgetobt haben, haben sich eben nicht die Hörner abgestoßen, sie liegen immer auf der Lauer, neue Erfahrungen zu sammeln. Ihre Neugier bleibt unbefriedigt.

Schuld und Fehler einzugestehen, fällt schwer. Die Flucht aus der Ehe wird unterschwellig immer noch als der leichtere Weg praktiziert. Flucht ist auch Feigheit.

Die Bitte um Vergebung erfordert Mut.

Die Bitte um Vergebung verlangt ein Eingeständnis der Schwäche.

Die Bitte um Vergebung ist ein heilsames Sanierungskonzept für die Ehe.

Kapitel 10:
Vergebung und Befreiung
bei okkulten Belastungen

In unserer hochmodernen mit Technik hochgerüsteten Welt erlebt die Okkult-Welle einen ungeahnten Aufschwung. Jugendliche und Erwachsene werden in ihren Bann gezogen. Nach einer Konsum-, Fress-, Sauf- und Sexwelle sprechen viele von einer okkulten Welle. Aberglaube und Okkultismus sind keine Winkelsachen. Als größte Religionen umspannen sie unseren Planeten bis ins letzte Dorf und in die Hauptstädte der Welt. Kenner rechnen damit, dass jeder Zweite in Deutschland sich mit Horoskopen beschäftigt – einige ernsthaft, andere lesen mit Interesse und ein Teil lässt sich mehr oder weniger davon beeinflussen. Insgesamt soll es in Deutschland eine Million Spiritisten geben, Menschen, die den Vorhang zwischen Diesseits und Jenseits zerreißen möchten. Die Geister der Verstorbenen sollen ihnen Antwort geben auf alle Liebes-, Lebens- oder Zukunftsfragen. Die Begegnung mit dem Tod bei Eltern, Freunden und Bekannten weckt die Neugier und damit den Wunsch, die Mauer zwischen Leben und Tod zu überspringen.

Warum ist dieser Massenwahn nicht heilbar? Warum lassen sich normal entwickelte Menschen nicht von der Illusion jener Weisheitslehre befreien? Sind die Beweise lächerlich? Sind die Argumente unzureichend? Das menschliche Herz ist ein trotzig und verzagtes Ding, wie die Bibel es ausdrückt. Es lässt sich zu gern von Wahnideen einnebeln. Viele, die sich dem Okkulten verschrieben haben, sind wie Süchtige und Besessene. Sie sind mit Vernunftgründen nicht zu heilen.

Wer sich in die Abhängigkeit okkulter Mächte hineinbegibt, knebelt sein Gewissen. Er möchte Fehlentscheidungen ausweichen und gerät in den Bannkreis dämonischer Mächte.

Er wird fatalistisch, denn sein Schicksal ist ja vorgezeichnet. Wie sagte Martin Luther zu seinem Freund Philipp Melanchthon, als sie bei Hochwasser in einem kleinen Kahn die Elbe überqueren wollten, und Philipp Martin energisch abriet, da er tags zuvor aus seinem Horoskop nichts Gutes herausgelesen hatte:

„Domini sumus – ‚Wir sind des Herrn' oder ‚Wir sind Herren'!" Beides stimmt. Wer dem Herrn gehört, weiß, dass Christus Herr der Gestirne, der Kraftfelder, der kosmischen Einflüsse und der Schicksalsstrahlen ist.

Aber wie gehen wir mit Menschen um, die in den Bannkreis dieser Mächte geraten sind, die sich seelisch belastet fühlen, die unglücklich leben und im Glauben an Gott keinen Frieden finden können? Wie lauten ihre Klagen?

„Als ich als Kind krank war, bin ich besprochen worden! Verdanke ich womöglich meine Gesundheit dem Teufel, dem ich damals übergeben wurde?"

„Als Jugendlicher habe ich oft an einer spiritistischen Sitzung teilgenommen. Mir fehlt jede Glaubensgewissheit!"

„In der Pubertät hatte ich Schwierigkeiten mit meinen Eltern, bin von zu Hause fortgelaufen und war lange Zeit bei den Satanisten."

„Als ich verliebt war, habe ich mir die Karten legen lassen. Heute bin ich sehr unglücklich. Werde ich dafür von Gott bestraft?"

„Meine Großeltern waren Bauern. Sie haben jedes Jahr ihr Vieh mithilfe ‚Schwarzer Magie' von Seuchen und Krankheiten befreien lassen. Kann mir dieser Zauber heute noch schaden? Die Bibel spricht doch davon, dass Gott die Sünden der Väter an den Kindern heimsucht bis ins dritte und vierte Glied."

Was treibt Menschen in den Okkultismus?

Das rationalistische Weltbild mit seinem stolzen Fortschrittsglauben hat die Menschen enttäuscht. Wenn der Glaube verkümmert, sprießt der Aberglaube. Wenn die Kirchen sich leeren, füllen sich die pseudoreligiösen Zirkel.

Das alternative Denken hat alle Bereiche des menschlichen Lebens erfasst. Das Wort alternativ ist die Zauberformel, mit der eine „Umwertung aller Werte" verbunden ist:

Alternatives Leben,

alternativer Glaube,
alternative Lebensmittel,
alternative Pädagogik,
alternative Sinnerfüllung und
alternative Meisterung des Lebens sind die Schlagworte.

Besonders bei jungen Menschen spielen Spiritismus, Satanismus und esoterische Praktiken eine große Rolle. Das Wort gegen ist auffällig. Es handelt sich um eine Anti-Bewegung, die alles Bürgerliche, Christliche, Geordnete, Saubere und Moralische infrage stellt:
Aus Weiß wird Schwarz,
aus Recht wird Unrecht,
aus Ordnung wird Unordnung,
aus Moral wird Unmoral,
aus Glaube wird Unglaube,
aus Tugenden werden Todsünden,
aus Gottesanbetung wird Satansanbetung.
Aus Sinnlosigkeit und Langeweile werden Brutalität und Verrücktheit geboren. Die Provokation ist grenzenlos. Die Schockelemente können kaum noch gesteigert werden. Auf bestimmten Plattencovern, die eine bestimmte Musik anbieten, erscheinen Särge, Leichen, Geschändete, Totenköpfe, Galgen, Grabsteine und Ratten.
Das Abscheuliche steht im Mittelpunkt. Das Schreckliche gibt den Ton an.

Viele Menschen unserer Tage sind heimatlos geworden. Der religiöse Schutzraum ist verloren gegangen. Jungen Menschen fehlt das Haus, die Geborgenheit, die innere Mitte und der Halt. Kaputte Ehen, kaputte Familien, zerbrochene „Häuser" und ein zerbrochener Glaube haben sie einsam und unstet gemacht.
Sie suchen nach *Ersatzgöttern,*
sie suchen nach *Ersatzhäusern,*
sie suchen nach *Ersatzgeborgenheiten.*

Wie kann den Verirrten geholfen werden?

Menschen, die sich verrannt haben, die plötzlich ihre Leere und Sinnlosigkeit entdecken, geraten in Krisen. Die Ersatzgötter haben sie enttäuscht. Die Ersatzmittel haben sie noch tiefer ins Elend gestürzt. Einige kehren reumütig zum christlichen Glauben zurück. Aber sie fürchten die Fesseln der dämonischen Welt. Andere fürchten die Stille und die Einsamkeit. Sie haben das Gefühl, von feindlichen Mächten umzingelt zu sein.

So schildert Cornelia, eine junge Dame von 22 Jahren, ihre Befindlichkeit. Sie war arbeitslos geworden, vagabundierte durch die Stadt und landete bei jungen Leuten, die sonntags – am Tag des Herrn – satanische Messen zelebrierten. Sie war so verwirrt worden, dass sie ernstlich glaubte, in der völligen Abhängigkeit dieser Gruppe die wahre Erfüllung in ihrem Leben zu finden. Es leuchtete ihr ein, dass das christliche Abendland völlig versagt habe, besonders die Christen die verlogensten Menschen seien und nur der Satan sie aus der Lebenskrise erlösen könne. Nur wenn der Mensch macht, was ihm Spaß macht, kann er sich aus allen Zwängen befreien.

Cornelia glaubte dem „Priester" dieser Clique. Sie war ihm völlig hörig, auch sexuell.

Die Clique hauste in aufgebrochenen Häusern, die leer standen. Sie stahlen alles, was nicht niet- und nagelfest war. „Wir tun etwas Gutes, wenn wir den Räubern ihr zu Unrecht erworbenes Gut wieder abnehmen." Cornelia glaubte ihnen. Sie lebte wie in Trance. Sie wusste nicht mehr, ob ihr Drogen eingeflößt wurden.

Eines Tages brach sie zusammen und landete in einer Klinik. Sie wusste nicht, wie sie dahingekommen war.

Als sie den Entzug hinter sich hatte, fiel es ihr wie Schuppen von den Augen. Aber nach und nach entwickelte sie immer stärker werdende Ängste. Eine Krankenschwester, die einer christlichen Gemeinde angehörte, kümmerte sich um sie. Über sie lernte ich Cornelia kennen. Ihre Eltern holten sie zurück. Sie waren entsetzt über ihr Kind, das sich völlig verändert hatte. Cornelia wurde von Ängsten gepeitscht.

„Ich kann nachts nicht allein schlafen. Manchmal habe ich das

Gefühl, verrückt zu werden. Ich habe mich doch dem Teufel verschrieben. Der hat ein Anrecht auf mich."

Sie glaubt, den Teufel zu sehen in der Fratze des „Priesters", der sie in den Messen missbrauchte. Die panischen Ängste vor dem Mann und dem Teufel kann sie nicht trennen.

Handelt es sich um dämonische Besessenheit? Die Ärzte der Klinik schütteln den Kopf.

Handelt es sich um eine Psychose? Die Ärzte wissen es nicht.

Die junge Dame schreit um Hilfe. Alle Hilfe will sie in Anspruch nehmen, nur nicht vom Teufel. Wenn Christus sie wieder gesund machen kann, will sie's mit ihm versuchen. „Ich will ihm glauben, aber ich habe doch dem Satan mein Leben übergeben! Wissen Sie auch, dass ich mit meinem eigenen Blut unterschrieben habe? Gott kann mir nicht vertrauen!"

Ich sage: „Wenn Sie mit Gottes Hilfe da rauskommen wollen, wird er Ihnen vertrauen! Und er wird Sie von Ihren Ängsten befreien!"

„Der ‚Priester' hat mir gesagt, dass es kein Zurück gäbe für die, die sich für Satan entschieden haben." Cornelias Gesicht ist angstverzerrt. Mit großen fragenden Augen schaut sie mich an.

„Gott ist stärker als der Satan! Christus hat auf Golgatha die Macht des Todes und des Teufels gebrochen. Ich glaube fest daran."

„Ich sehe jetzt das Gesicht des ‚Priesters' vor meinen Augen. Er grinst und lacht mich aus."

„Und ich sage Ihnen im Namen Jesu, dass er das Spiel verloren hat. Wenn Sie sich auf Jesus verlassen, werden Sie frei. Wollen Sie das?"

„Ich will, aber ich zweifle auch. Ich sehe Sie und die Fratze. Wie kann Gott mir glauben! Ich bin ja schlimmer als eine Hure!"

„Jesus ist für Sünder gestorben, nicht für Gerechte. Die Sauberen haben ihn nicht nötig. Stellen Sie sich den Verbrecher am Kreuz vor, neben Jesus. Der hatte die Strafe verdient. Und Jesus rettete ihn, obschon er keinen Finger mehr krumm machen konnte. Das war kein fragwürdiges Mitleid. Der Verbrecher glaubte Jesus."

„Und ich möchte glauben, mehr kann ich nicht sagen!" Sie streckt Hilfe suchend und erwartungsvoll die Hände aus. Und ich sage zu ihr:

„Wollen Sie die Vergebung Ihrer Sünden? Wollen Sie, das Christus Sie befreit und erlöst?"

„Wenn es möglich ist, will ich!"

„Dann sprechen Sie mir nach: Mein Erlöser Jesus Christus!"

„Mein Erlöser Jesus Christus!"

„Ich habe mich mit meinem eigenen Blut dem Satan verschrieben."

„Ich habe mich mit meinem eigenen Blut dem Satan verschrieben."

„Ich will vom Satan befreit werden und dir nachfolgen!"

„Ich will vom Satan befreit werden und dir nachfolgen!"

„Vergib mir mein Unrecht und alle meine Sünden!"

„Vergib mir mein Unrecht und alle meine Sünden!"

„Ich vertraue dir, dass du mich freimachst!"

„Ich vertraue dir, dass du mich freimachst!"

Und ich sage: „Wenn das Ihr aufrichtiges Bekenntnis ist, spreche ich Sie im Namen dieses Herrn, den wir gemeinsam anrufen, frei von der Bindung an den Satan und frei von Sünden!"

Cornelia seufzt tief und lächelt zum ersten Mal wieder. Sie fühlt sich erleichtert.

Aber schon zwei Tage später kommen Anfechtungen, Ängste und Unruhe zurück.

Wir sprechen darüber, dass Christus sie befreit hat, dass aber ihre eigenen Ängste, ihre Zweifel und die schrecklichen Erfahrungen in der Satanssekte sie noch beunruhigen. Sie wohnt zu Hause. Sie schläft noch mit offener Tür im Schlafzimmer – wie ein kleines Kind. Wenn sie allein ist, überfallen sie albtraumartige Erinnerungen.

Mit der inneren Umkehr ist der weitere Lebensweg noch nicht programmiert. Systematisch muss ihr Leben geordnet werden. Ihre Beziehungsfähigkeit ist gestört.

Ihre Arbeitsfähigkeit ist eingeschränkt. Ihr Glaube steht auf äußerst wackeligen Füßen. Sie braucht eine Begleiterin, die sie Stück für Stück ins normale Leben zurückführt. Sie braucht Hilfe, aber keine falsche Fürsorge. Sie braucht Beistand und viel Liebe, die Zweifel und Misstrauen besiegen.

Wir müssen den Lebensstil des Belasteten verstehen

Die Anfragen und Klagen, auch die Belastungen, sind unterschiedlich zu deuten und zu besprechen. Da gibt es Menschen, die sind hochsensibel, sie werden in einer Evangelisation auf diese Probleme angesprochen und reagieren plötzlich wie elektrisiert. Sie können nicht mehr schlafen, ihre Unruhe nimmt extreme Formen an. Sie laufen zum Pastor und lassen sich freibeten. Die einen fühlen sich anschließend befreit und erlöst, andere bleiben unruhig, sind misstrauisch und fühlen fortwährend ihren „geistlichen Puls". Unsere Psyche spielt eine wichtige Rolle auch im Glaubensleben. Die einen können wirklich leichter mit Sünden und seelischen Belastungen umgehen. Aufgrund ihres Wesens vertrauen sie ihrem Herrn schneller. Sie glauben ihm, dass er ihre Sünden und Verfehlungen weggenommen hat, wenn sie ihn ehrlich darum bitten.

Andere sind von Hause aus pessimistischer und zweifelnder. Sie hören die Botschaft wohl, allein ihnen fehlt der lebendige Glaube. Sie gehen weniger fröhlich, weniger zuversichtlich und weniger vertrauend durchs Leben. Wir müssen uns in der Seelsorge hüten, ihre mangelnde Glaubensbereitschaft anzuklagen. Wir treiben sie möglicherweise noch tiefer in ihr Elend hinein. Sie zweifeln an Gott, an sich und an dem Seelsorger. Wir entmutigen sie. Sie brauchen Stärkung, mit kleinen Schritten ihre Zweifel und Befürchtungen abzubauen. Wir müssen gemeinsam mit ihnen überlegen, welche Hilfen greifen. Der Seelsorger braucht Zeit, braucht Geduld und Barmherzigkeit. In unseren Gemeinden begegnen wir vielen, die ähnlich fühlen und aufgrund ihrer Sensibilität stärker belastet sind. Sie brauchen Verständnis und keine Appelle. Sie brauchen Begleitung und keine Vorwürfe.

Wichtig ist, die Denkweise, die Lebensüberzeugungen und die Einstellungen zu sich selbst, zum Mitmenschen und zu Gott herauszuarbeiten. Viele, die in Sekten und okkulte Zirkel geraten sind, haben die Orientierung im Leben verloren. Sie sind haltlos, heimatlos und perspektivelos. Sie vertrauen Menschen und Mächten, die ihnen die verrücktesten Sachen vorgaukeln. Es dauert nicht lange und sie sind abhängig. Gebannt schauen sie auf die Seelenvergifter.

Diese Denkweisen und diese irrealen Lebensgrundüberzeugungen müssen sorgfältig erarbeitet und ins Gebet genommen werden. Der Ratsuchende muss seine Irrtümer erkennen, die falschen Denkmuster begreifen.

Mit der Hinwendung zu Christus sind diese irrigen Lebensstilmuster *nicht* verschwunden. Wir müssen uns auch vor einer falschen Verkündigung hüten. Die Alten haben es gewusst und knapp formuliert: Mit der Kehrtwendung muss der Mensch in eine neue Richtung marschieren. Diese neue Marschrichtung kostet Arbeit, kostet Abkehr von bisherigen Vorstellungen, schließt Rückfälle ein und braucht viel Geduld. Wie hat ein weiser Christ gesagt: „Wir benötigen 20 Prozent unserer Kraft, um einen Menschen zu bekehren, aber wir benötigen 80 Prozent des Einsatzes in Gottes Namen, um ihn im Glauben zu festigen." Das gilt besonders für okkult Belastete, die im Lebensstil viele Ecken und Kanten aufweisen. „Die Geister, die ich rief, die werd' ich nicht mehr los", formuliert Goethe.

Wir haben gesagt, die Bindungen sind bei allen Menschen unterschiedlich. Die einen schütteln sie – auch im Glauben – ab, die anderen belasten ihre Persönlichkeit schwer.

Vier Quellen für mögliche okkulte Belastung

Der Naturwissenschaftler Professor Hans Rohrbach, der sich bis zu seinem Tode als ein Kundiger in Sachen Okkultismus erwiesen hat, charakterisierte vier Quellen, an denen eine okkulte Belastung erkannt werden kann.

Er warnt aber ausdrücklich davor, die Symptome im Einzelnen oder gebündelt ohne gründliche Untersuchung als okkult abzustempeln.[19]

Quelle 1. Die ethisch-religiösen Geheimbünde wie Freimaurerlogen, Logen der Weisheit, geistige Logen, esoterische Zirkel u. a. Sie arbeiten – nach seiner Ansicht – vorwiegend medial und spiritistisch.

Quelle 2. Die atheistischen Weltanschauungen wie Kommunismus, Nationalsozialismus, Marxismus, Maoismus und andere sowie die damit verbundenen Personenkulte. Sie stellen sich gegen die Anbetung Jesu und des lebendigen Gottes.

Quelle 3. Die *Weiße* Magie, auch wenn sie biblische Worte gebraucht und „göttliche Hilfe" verheißt. Hierzu gehören christliche Wissenschaft, Anthroposophie, Heilungsapostel, Geistheiler, viele Sekten, Jugend- und Einheitsreligionen, meditative Bewegungen asiatischer Prägung, Reinkarnation, Selbsterlösungsformen u. a. Sie rücken Jesus aus dem Zentrum, berufen sich auf andere „Kräfte".

Quelle 4. Die *Schwarze* Magie. Sie nimmt direkt zu Mächten der Finsternis Verbindung auf, vermittelt von dort „Hilfe". Zu ihren Praktiken gehören Zauberei (6. und 7. Buch Mose), Wahrsagen, Pendeln, Besprechen, Tisch- bzw. Glasrücken, Totenbefragen, Spiritismus, Horoskope, Himmelsbriefe, Amulette, Talismane, Verwünschen, Verfluchen, bestimmte Arten von Rock- und Beatmusik, schwarze Messen u. a. sowie die Riten des Aberglaubens wie Daumendrücken, Toi-Toi-Toi-Wünschen, beachten von Glücks- und Unglückszeichen oder -tagen usw.

Weiterhin ist – nach Meinung Rohrbachs – zu bedenken:

- dass Gefahren lauern, wenn der Mensch okkulte Dinge praktiziert (wie die Geisterbeschwörung). Dabei ist es uninteressant, ob er die Praktiken ernst nimmt oder nicht, ob der Betreffende an die Wirkung glaubt oder sie für Unsinn hält;
- dass okkulte Belastung der Vorfahren dem Teufel ein Anrecht auf die Seelen der Nachkommen geben kann;
- dass Hilfen, ob sie mittels „weißer" oder „schwarzer" Magie in Anspruch genommen werden, nicht ohne Folgen für die Psyche des Menschen bleiben können;
- dass okkulte Belastung von Besessenheit zu unterscheiden ist;
- dass eine Befreiung nur dadurch erreicht werden kann, dass der Belastete sich vom Teufel und allen dunklen Mächten absagt und sein Leben Jesus völlig ausliefert.

Fünf Schritte zur Befreiung

Das Neue Testament macht deutlich, dass Jesus seinen Jüngern die Vollmacht gegeben hat, in seinem Namen böse Geister auszutreiben. Diese Vollmacht ist nicht nur auf den engsten Jüngerkreis beschränkt. Im Lukasevangelium (Kapitel 10) lesen wir, dass 72 Männer zurückkehren und begeistert erzählen, dass ihnen sogar die bösen Geister untertan waren. Wir dürfen heute diese Vollmacht Jesu in Anspruch nehmen.

Professor Peter Beyerhaus nennt fünf Schritte, die diese Befreiung von okkulten Mächten und Kräften enthalten:

1. Schritt: Der okkult Belastete muss seine Schuld erkennen, bereuen und bekennen, was ihn unter den Einfluss dieser Mächte gebracht hat.

2. Schritt: Der okkult Belastete muss sich völlig von dem trennen, was ihn gebunden und belastet hat. Das können Zauberworte, Amulette, das 6. und 7. Buch Mose und bestimmte okkulte Praktiken sein.

3. Schritt: Der okkult Belastete muss sich vom Satan und speziell von bösen Mächten, denen er sich verschrieben hat, lossagen.

4. Schritt: Es geht um die erneute Übergabe an Jesus Christus und die Inanspruchnahme des Sühneopfers am Kreuz.

5. Schritt: Der Seelsorger formuliert das Lossage-Gebet und spricht ihm die Lösung im Namen Jesu und die Vergebung seiner Schuld zu.[20]

Hinweise für das Absage-Gebet

Ernst Rudin, der Herausgeber eines Seelsorgebuchs, gibt noch folgende Hinweise: „Sie (die Absage) richtet sich an Gott und gleichzeitig an die Dämonen. Der Seelsorger ist Zeuge und Unterstützer.

Der Belastete muss die Befreiung selbst wollen und den Vertrag mit dem Satan zerreißen. Der Betroffene nennt in einem Gebet alle ihm bewusst gewordenen Fäden, die ihn mit der finsteren Welt verbinden."[21]

Der Seelsorger spricht das Lossage-Gebet. Er kann es Satz für Satz vorsprechen. Er verheißt dem Ratsuchenden

- die Befreiung von finsteren Mächten,
- die Befreiung von Gebundenheit,
- die Befreiung von bewussten und unbewussten Belastungen,
- die Befreiung von Verträgen, die mit Satan oder Mächten geschlossen wurden,
- die Befreiung von Vorhersagen und von Verfluchungen.

So kann ein Absagegebet lauten: „Herr Jesus Christus, der du für mich gestorben und auferstanden bist, ich sage mich los vom Teufel und allen seinen Helfershelfern. Ich bekenne dir meine Schuld, dass ich gegen dein ausdrückliches Gebot gesündigt und folgendes getan habe (hier folgen konkrete Hinweise auf die Taten). Ich danke dir, dass du mich erlöst hast, dass du mich reinigst und heiligst. Mit Leib, Seele und Geist übergebe ich dir mein Leben zum Eigentum. Ich vertraue dir, dass damit der böse Feind sein Anrecht verloren hat. Wehre du allen Anfechtungen und erfülle mich mit deinem Heiligen Geist. Amen."

Für den Seelsorger ist damit die Arbeit nicht beendet. Ein neues Leben erfordert eine intensive Begleitung, weil Rückfälle und Irritationen möglich sind. Der Betroffene ist in der Regel seelisch labil, schwankt schnell hin und her und braucht geistlichen Beistand.

Kapitel 11:
Die Vergebung und das konkrete Gebet

Dass Christen beten, ist selbstverständlich. Sie beten besonders bei Konflikten, Krankheiten und Belastungen. Gebete sind Kraftspender. Sie vermitteln Einsicht in Konflikte, geben Beistand für partnerschaftliche Übereinstimmung und helfen uns, mit Notsituationen aller Art fertig zu werden.

Aber es gibt Gebete, die sind in meinen Augen problematisch. Selten sind sie wirkungsvoll. In den meisten Fällen sind sie gut gemeint, aber nicht gut. Sie sollen Vergebung vermitteln und einen Neuanfang bewerkstelligen. Die Beter wollen ernsthaft eine Veränderung erreichen. Aber in der Praxis stellt sie sich nicht ein. Was ist problematisch?

Beispiel 1: Ehepaar Wiese hat sich auseinander gelebt

Sie sind 16 Jahre verheiratet und haben zwei Kinder im Alter von 14 und 10 Jahren. Die Eltern führen eine Koexistenzehe. Keine lauten Konflikte, keine scharfen Auseinandersetzungen. Das war einmal. Sie leben ruhig und nach außen friedlich aneinander vorbei. Beide sind bewusste Christen und besuchen regelmäßig den Gottesdienst und einen Hauskreis. Zärtlichkeiten, Leidenschaft und sexuelle Kontakte sind vorbei. Obschon beide Partner noch keine 40 Jahre alt sind, halten sie Verliebtheit und Leidenschaft für unangemessen. Jedenfalls stellen sie es so dar.

Er sagt: „Verliebtheit ist etwas für Teenager, reife Liebe gibt sich kontrollierter." Und sie sagt: „Leidenschaft gehört in den Stall!" Beide nicken und scheinen übereinzustimmen.

Während einer Evangelisation in der Freikirche, der sie angehören, wurde auch das Thema Ehe behandelt. Der Redner hatte vor Gleichgültigkeit der Partner, vor Gesprächsverlust und vor Friedhofsruhe in der Ehe gewarnt. Beide waren angerührt und bedrückt nach Hause gegangen. Vor dem Schlafengehen hatte sie noch einmal ihre leere Ehe angesprochen und ihren Mann ermutigt, gemeinsam für eine „bessere Ehe" zu beten. Beide bestätigten mir, dass sie es regelmäßig so gehalten hätten, aber ohne Erfolg. Das Zusammenleben habe sich um keinen Deut gebessert. Auf die Frage, ob sie sich auch ausgiebig einmal über ihre Probleme unterhalten hätten, sagten beide, dass sie sich nicht mehr ruhig und spannungsfrei unterhalten könnten. Die Gespräche landeten immer in einer Sackgasse. Beide wollten es Gott überlassen, in ihre Ehe wieder Frieden und Harmonie zu bringen.

Dann wurde die Tochter magersüchtig. Ein Facharzt empfahl eine „Familienberatung". Beide Eheleute fragten den Facharzt erstaunt, warum er ausgerechnet eine Familienberatung empfohlen hätte. Als mich die Eheleute konsultierten, waren beide verunsichert.

Der Mann sagte: „Ich verstehe die Welt nicht mehr. Meine Tochter ist krank, was sollen wir in der Therapie? Was haben wir mit der Magersucht unserer Tochter zu tun? Wir haben ihr doch so etwas nicht vererbt!"

Als ich sie fragte, was sie gebetet hätten, sagte die Frau: „Wir haben regelmäßig gebetet, Gott möge unsere Ehe harmonischer gestalten und unsere Tochter wieder gesund machen."

Ich komme auf dieses Beispiel zurück.

Beispiel 2: Heinz ist ein Dieb

Familie Weber ist sehr unglücklich. Sie haben drei Kinder und der Älteste wurde zum zweiten Mal von der Mutter erwischt, als er ihr Geld aus dem Portmonee stehlen wollte. Wiederholt hatte die Mutter Geld vermisst, mal kleinere, mal größere Beträge. Die Eltern sind bewusste Christen und stehen fassungslos davor, dass der Älteste, ein eher schüchterner Junge, zum wiederholten Mal die Eltern bestohlen hat.

Der Vater ist Beamter, ein korrekter und gradliniger Mann. Er ist wortkarg und kann mit dem Sohn nicht reden. Die Mutter macht nur

Vorwürfe und ist entsetzt über die kriminelle Gesinnung ihres Kindes. Den Vater packte ein solcher Zorn, dass er einen Lederriemen nahm, mit dem Sohn in den Keller ging und rasend vor Wut auf den Zwölfjährigen einschlug. Der schrie und ließ die Strafe widerspruchslos über sich ergehen.

Die Eltern gehören einem Hauskreis an und baten die Teilnehmer beim nächsten Treffen, für den Dieb zu beten. Der Vater spricht vom „verlorenen Sohn" und hat Tränen in den Augen. Die Besucher des Hauskreises, die am Schluss ihrer Zusammenkunft jeweils eine Gebetsgemeinschaft praktizieren, beten unter anderem auch für den Dieb, dass er seine schlechte Gesinnung ablegen möchte.

Fragen zur Selbstprüfung:

- Hätten Sie in beiden Fällen als Eltern auch so gehandelt?
- Glauben Sie im ersten Beispiel auch, dass die Magersucht der Tochter nichts mit den Familienproblemen zu tun hat?
- Ist es richtig, um Probleme zu beten, sich aber selbst überhaupt nicht darum zu kümmern?
- Wenn Magersucht und Diebstahl zwischenmenschliche Probleme sind, was wäre Aufgabe der Beziehungspersonen?
- Ist Diebstahl – wie im zweiten Beispiel – ein rein moralisches Problem? Sind Schläge und Gebete als pädagogische Hilfen ausreichend?
- Wenn Sie beten würden und hätten in beiden Fällen die gleichen Schwierigkeiten, wie würden Sie konkret beten?

Schauen wir uns beide Ehe- und Familienprobleme etwas genauer an.

Was geht in Familie Wiese vor?

Die Eltern in Beispiel 1 haben schwere Eheprobleme. Ihre sexuellen Beziehungen sind schlecht, ihre Kommunikation mangelhaft. Beide können nicht mehr vernünftig miteinander reden. Die Tochter hängt dazwischen und versucht durch Magersucht, die Aufmerksamkeit der Eltern auf sich zu lenken. Magersucht ist in den meisten Fällen ein Familienkonflikt. Der Familiensegen hängt schief. Die Tochter leidet und drückt ihre Not mit den Eltern auf diese Weise aus. Magersucht ist ein „Liebeshunger". Die Beziehungen sind gestört. Beide Eltern werden von ihrem Konflikt abgelenkt und müssen sich jetzt mit der Tochter beschäftigen. Werden die unglücklichen Familienbeziehungen nicht angesprochen, bleibt alles beim Alten.

Wenn der lebendige Gott Wunder tun soll, müssen wir bereit sein, unser Fehlverhalten zu artikulieren. Wir setzen uns seinen prüfenden Blicken aus und formulieren wie der Psalmbeter: „Erforsche mich, Gott, und erkenne mein Herz; prüfe mich und erkenne meine Gedanken! Und sieh, ob ich wandle auf trügerischem Wege, und leite mich auf ewigem Wege!" (Psalm 139, 23.24) Was geschieht?

- Unsere Fehler und irrigen Verhaltensmuster werden uns klar;
- unsere Sünden und lieblosen Umgangspraktiken kommen ans Licht;
- wir bitten um Vergebung und um Kraft, neue Beziehungsmuster einzuüben.

Was geht in Familie Weber vor?

Weder Vater noch Mutter haben sich die Mühe gemacht, die wahren Motive des schüchternen und sonst anständigen Jungen zu erforschen. Für sie ist Diebstahl Diebstahl und damit Sünde. Neben anderen Strafen bekommt er auch noch vier Wochen Hausarrest aufgebrummt. Er darf zur Schule gehen und sonst hat er das Haus nicht zu verlassen. Wie sehr der Junge leidet, weiß nur er selbst.

Ich lernte Heinz kennen, weil die Klassenlehrerin an den völlig veränderten Jungen nicht mehr herankam. Die Eltern waren dringend gebeten worden, eine Beratungsstelle aufzusuchen. Vor mir saß ein verklemmter, blasser und verstörter Junge. Verschämt schaute er in eine Ecke und wagte nicht, mich anzuschauen. Es dauerte zwei Beratungsstunden, um eine Vertrauensbasis aufzubauen. Seine Schuldgefühle waren riesig groß. Er fühlte sich in der Tat wie ein

„verlorener Sohn". Er sah seine Sünde ohne Wenn und Aber ein. Nur verstanden fühlte er sich nicht.

Und dann kamen wir an den Kern seines Stehlens. Nichts hatte er an Geld für sich verbraucht. Süßigkeiten, Gameboys und interessante Hefte hatte er gekauft, um sie an seine Freunde zu verschenken. Heinz hatte sich seine Freunde *gekauft*. Er fühlte sich ungeliebt und als Randfigur. Von Herzen wünschte er sich Freunde und gute Kameraden. Auch zu Hause fühlte er sich isoliert und alleingelassen, von Vater und Mutter nicht verstanden. Seine jüngste Schwester war Mutters und Vaters Liebling. Heinz konnte unter Tränen zugeben, dass er sich auch an den Eltern durch Geld stehlen gerächt hatte. Die Ungerechtigkeit der Eltern hatte ihn wütend und unglücklich gemacht.

Als mich die Eltern aufsuchten, erlebte ich zwei Menschen, die äußerst skeptisch auf alle pädagogischen Anmerkungen reagierten. Der Hinweis auf konkretes Beten lockerte ihr verspanntes Gesicht.

„Wir haben schon viel für den Jungen gebetet!", sagte der Mann und die Mutter ergänzte: „Und wir haben feine Geschwister, die auch für uns beten!"

„Darf ich fragen, was Sie konkret beten?", warf ich ein.

Beide schauten sich einen Augenblick verständnislos an. Der Vater sagte dann: „Dass er nicht mehr stiehlt!" Seine Antwort hatte einen gereizten Unterton, so als wollte er mich für eine unangemessene Frage tadeln.

Als ich – mit Erlaubnis des Sohnes – den Eltern die Motive des Stehlens klarmachte, machten beide Eltern große Augen. Davon hatten sie nichts gewusst. Auch der Junge war so unglücklich und abweisend, dass er seinen Eltern nichts erzählt hatte. Vater und Mutter hatten sich schon gewundert, dass sie nichts Auffälliges gefunden hatten, für das der Junge Geld ausgegeben haben könnte. Die Kluft und das Missverstehen zwischen Eltern und Kind waren immer größer geworden.

Auch dieses Beispiel zeigt:

... dass ein undifferenziertes Gebet, der Junge möge eine andere Einstellung zum Stehlen bekommen, den Kern des Problems nicht trifft;

… dass Stehlen ein *Symptom* ist, aber nicht die wirkliche Schwierigkeit des Jungen;

… dass die Kluft zwischen Eltern und Sohn, die Sprachlosigkeit, damit nicht überwunden wird;

… dass die Beziehungsschwierigkeiten des Jungen nicht einmal erwähnt und berührt wurden;

… dass die Unversöhnlichkeit zwischen Eltern und Kind die Ablehnung aller Glaubensaspekte verstärkt und den Jungen in die Gottesferne treibt.

Wer die *Motive* ernst nimmt, nimmt den ganzen Menschen ernst und damit auch seine sundhaften Muster. Wer nur auf das Stehlen schaut, blickt auf Vordergründiges, auf Symptome, die wichtig sind, aber die Kernprobleme außer Acht lassen. Stehlen ist nicht nur ein *geistliches*, es ist wesentlich auch ein *ganzheitliches* Problem.

Der Unterschied zwischen Symptom und eigentlicher Störung

In Medizin, Therapie und Seelsorge wird zwischen *Symptomen* und der eigentlichen Störung, die im Hintergrund steht, unterschieden. Das Symptom ist ein Anzeichen für eine Störung, nicht die Störung selbst. Symptome sind Hinweise, dass etwas nicht in Ordnung ist.

Schauen wir uns einige Beispiele an.

Fieber

Fieber ist ein *Symptom*. Es ist nicht die Krankheit. Fieber zeigt an, dass im Körper ein Krankheitsherd ist, der mit Hochdruck, mit Fieber bekämpft wird. In den meisten Fällen ist eine Infektion die Ursache für den Temperaturanstieg. Im Allgemeinen ist Fieber, ob es nun plötzlich oder mit Schüttelfrost beginnt oder langsam einsetzt, ein Zeichen dafür, dass der Organismus im Begriff ist, sich gegen eingedrungene Krankheitserreger zur Wehr zu setzen. Ein Medikament zum Fiebersenken anzuwenden, ist im Allgemeinen *nicht* ratsam. Das kann nur ratsam sein, wenn das Fieber zu hoch steigt. Fieber ist ein gutes Zeichen für einen kräftigen Kampf des erkrankten Körpers gegen die Krankheit. Es sinkt von selbst, wenn der Höhepunkt der Krankheit überwunden ist und das Stadium der Gesundung beginnt.

Faulheit

Mit Faulheit drücken Kinder etwas aus. Faulheit ist ein Symptom, nicht das Problem selbst. Auch wenn es uns so erscheint. Die eigentlichen Motive für Faulheit können sein:

- Das Kind will mit Faulheit einen Elternteil oder beide bestrafen;
- das Kind rächt sich mit Faulheit und wehrt sich gegen wirkliche oder eingebildete Ungerechtigkeit der Eltern;
- das Kind ist hochgradig *ehrgeizig*, es wird aber faul und verliert das Interesse am Lernen, weil es nicht zu den Besten gehört. Faulheit finden wir gehäuft bei „entmutigten Ehrgeizigen";
- das Kind wird faul, weil es unterfordert ist.

Wenn wir einem Kind helfen wollen, müssen wir jeweils das eigentliche Motiv der Faulheit herausarbeiten. Diese Fehler und geistlichen Übel sind es, die vergeben und ins Gebet genommen werden müssen. Ansonsten betreiben wir Symptomkosmetik.

Die Gebete sind ernst gemeint, bewirken aber in der Regel wenig.

Streit

Streit in der Ehe ist ebenfalls nur ein Symptom für eine tiefer liegende Partnerschaftsstörung. Der Streit ist die *Folge*, nicht die Ursache der ehelichen Probleme.

Ich frage oft die Eheleute, wenn sie zu mir kommen: „Warum streiten Sie sich?"

Und sie antworten: „Das wissen wir auch nicht. Deswegen kommen wir ja zu Ihnen."

Das Gebet: „Herr, hilf, dass wir uns nicht mehr streiten!", ist kein gutes Gebet. Es deckt die eigentlichen Motive im Hintergrund zu. Der Streit geht fröhlich weiter.

Und welche Motive können den Streit als Symptom auslösen?

- Ein Partner will das *letzte* Wort behalten. Er will sich nicht unterordnen. Der Streit ist vorprogrammiert. Aber nicht der Streit muss behandelt werden, sondern die Rechthaberei, die Herrschsucht, die unter Umständen damit verbunden ist.

- Ein Partner ist ein *Kontrolleur*. Er kontrolliert das Geld, die Telefongespräche, seine Kinder, die Tagebücher, Türen, Fenster und Schlösser. Der andere fühlt sich *eingeengt*, beschnitten und rebelliert. Der Streit liegt auf der Hand.
- Ein Partner *trinkt*. Er gibt mehr Geld aus, als die Finanzen es erlauben. Er glaubt, kein Trinker zu sein. Er belügt sich und bringt die Partnerin in Zorn.

Für Seelsorge und Beratung ist es wichtig, keine Symptomkosmetik zu betreiben. Symptomkosmetik behandelt *Äußerlichkeiten*, aber nicht das Motiv, die Beweggründe. In den Sprüchen heißt es unmissverständlich: „Der Mensch hält alles, was er tut, für richtig; Gott aber prüft die Beweggründe." (Sprüche 16, 2 [Gute Nachricht]).

Wie lauten die Fragen, die sich mit Motiven und Beweggründen befassen?

- Was steckt hinter Streit, Faulheit, Fieber, Vergesslichkeit, Entscheidungsschwäche, Alkoholabhängigkeit usw.?
- Welche unverstandenen Ziele und Zwecke streben wir an?
- Was drücken wir mit unseren Verhaltensmustern aus?
- Was wollen wir mit den Symptomen erreichen?
- Wollen wir unser Gegenüber ärgern, quälen, erpressen, schädigen?
- Wollen wir keine Verantwortung tragen, uns drücken, uns reinwaschen?

Und das gilt für beide Parteien, für Mann und Frau, für Eltern und Kinder. Bei allen Problemen, Konflikten und Meinungsverschiedenheiten ist die biblische Frage korrekt:

„Herr, was willst du, dass ich tun soll?"

Wir wissen sofort, *was der andere* falsch gemacht hat.

Wir wissen sofort, *wo der andere* gefehlt hat.

Wir wissen sofort, *wo der andere* sich ändern muss.

Was tun wir?

- Wir vergeben nicht, wir kritisieren.
- Wir vergeben nicht, wir verstecken unsere Motive.
- Wir vergeben nicht, wir suchen Ausreden.

Wie soll unser Herr Gebete erhören, die sich nicht mit diesen Hintergründen befassen!

Wie konkret beten wir?

Alle Beispiele machen klar, dass Konflikte und Probleme völlig missdeutet werden können.

Wir kleben am *Symptom*.

Wir hängen an *Äußerlichkeiten*.

Wir schauen auf das, was *vor Augen ist*.

Gott schaut das *Herz* an.

Gott schaut in die *Tiefe*.

Gott schaut hinter die *Kulissen*. Er kennt unsere bösen Gedanken, unsere hinterhältigen Vorstellungen und lieblosen Verhaltensmuster. Wir lassen uns von vordergründigen Erlebnissen täuschen. Wir decken zu, er deckt auf. Jawohl, unser Herr deckt auch zu, *wenn* wir unsere wahren Motive vor ihm ausbreiten und um Vergebung bitten.

Das Herz ist in der Tat eine Mördergrube. Alle Sünden, alle fragwürdigen Praktiken und lieblosen Beziehungsmuster werden hier produziert. Der Teufel ist ein gemeiner Durcheinanderbringer. Wir schauen auf das, was vor Augen liegt:

- auf den Streit,
- auf die Faulheit,
- auf den Diebstahl,
- auf die Angst,
- auf das Symptom.

Der Teufel hält uns eine Binde vor die Augen, damit wir die wahren Gründe und ungeistlichen Umgangsmuster nicht erkennen.

Viele ernst gemeinte Christen beten um Befreiung von Symptomen, aber sie kümmern sich nicht um ihre *Beweggründe.* Unser Herr interessiert sich aber

- für unsere *Motive,*
- für unsere versteckten *Absichten,*
- für unsere hintergründigen *Ziele.*

Darum sind viele Gebete oberflächlich, im wahrsten Sinne des Wortes. Sie sprechen die Oberfläche an, weil wir den Blick in die Tiefe vermeiden. Wo beginnt der Selbstbetrug?

- Wenn wir gläubig überzeugt sind, dass unser Herr alles weiß und uns hilft, ohne dass wir über die versteckten Lieblosigkeiten nachdenken.
- Wenn wir dem Herrn zutrauen, dass er unsere Konflikte und Probleme löst, dass er auf wundersame Weise unsere Gesinnung umpolt, ohne dass wir etwas dazu tun müssen.
- Wenn wir von seiner Großzügigkeit überzeugt sind, ohne über unsere Sünden und wirklichen Fehlhaltungen nachdenken zu müssen.
- Wenn wir davon ausgehen, dass Gott unsere versteckten Bosheiten nicht bewusst macht, und wir mit den wirklichen Gedankensünden nicht konfrontiert werden.

Wer so betet, ohne über seinen Eigenanteil bei Konflikten nachzudenken, stempelt Gott zum Zauberer und falschen Wundertäter. Gott kann auch solche Wunder tun, ohne Frage. Ich bin sogar überzeugt, dass er sie immer wieder auch geschehen lässt.

Aber es ist ein blasphemischer Irrtum, Gott um ein Wunder zu bitten, wenn wir nicht alle Möglichkeiten selbst ausgeschöpft haben.

Wenn beispielsweise der Ehekonflikt von beiden Partnern verursacht und aufrecht erhalten wurde, wie soll unser Herr den ständigen Streit schlichten, wenn er nicht in beiden Partnern ein Umdenken bewirkt?

Wir sollen unsere Sünde bekennen! Der Streit ist nicht die Sünde, sondern die Lieblosigkeit im Hintergrund, Rechthaberei oder Herrschsucht.

Der Friede in Köpfen und Herzen bringt Frieden in die Beziehung. Wer seinen Partner und Gott um Vergebung seiner Schuld bittet, der erfährt Vergebung und seinen Beistand, die sündhaften Muster abzubauen und zu verringern.

Paulus bietet den Schlüssel für solche Gesinnungsänderung an, wenn er formuliert: „Gleicht euch nicht dieser Welt an, sondern wandelt euch und erneuert euer Denken, damit ihr prüfen und erkennen könnt, was der Wille Gottes ist, was ihm gefällt und was gut und vollkommen ist." (Römer 12, 2)

Das heißt doch:

- Die Veränderung des Denkens und der Gesinnung steht im Mittelpunkt.
- Das konkrete Gebet muss sich also mit dieser innerseelischen Denkänderung beschäftigen.
- Vor der Änderung steht das *Prüfen*. Der Mensch schaut in sich hinein, welche Motive sein Handeln bestimmen.
- Ist die Prüfung erfolgreich abgeschlossen, folgt die *Einsicht* in das falsche Denken. Ohne Einsicht keine Umwandlung. Ohne Einsicht fehlt selbst der Wille zur Änderung.
- Wenn wir *erkannt* haben, was ihm gefällt, ist der Weg zur Lösung von Konflikten nicht weit.

Wie lauten hilfreiche Gebete?

Wie kann der Tenor solcher Anliegen, die wir Gott vortragen, beschaffen sein?

Ein Ehepartner betet: „Herr, ich erlebe Gleichgültigkeit in der Ehe. Ich will still werden vor dir. Zeige mir, was mein Anteil ist, dass wir nebeneinander herleben. Schenk mir die Einsicht in meine destruktiven Praktiken."

Einige Anmerkungen dazu:

1. Der Betroffene bleibt bei sich und schiebt nicht die Schuld auf den Partner.
2. Der Betroffene formuliert deutlich, was in seiner Ehe gespielt wird.

3. Der Betroffene weiß, dass eine Gesinnungsänderung Gottes Werk ist, dass aber Prüfung und Einsicht in die lieblosen Muster von ihm erwartet werden.

Ein anderer Partner betet: „Herr, unsere Ehe ist desolat. Wir haben uns nichts mehr zu sagen. Ich weiß nicht, woran es liegt. Vier Wochen lang will ich jeden Morgen betend still werden und hören, was du mir sagst. Was mache ich konkret falsch? Wenn ich nicht zu einer klaren Einsicht in der Zeit gekommen bin, will ich einen kompetenten Seelsorger aufsuchen, der mir weiterhilft."
Einige Anmerkungen dazu:
1. Der Betroffene geht ehrlich und tatkräftig daran, die Eheschwierigkeiten zu verbessern. Leider halten es viele so, wie es Alfred Adler einmal formuliert hat: „Wasch mich, aber mach mich nicht nass!" Ändere meine Ehe auf geheimnisvolle Weise, aber erwarte keine Mitarbeit von mir.
2. Der Betroffene will vier Wochen lang jeden Morgen betend über seine Ehe nachdenken. Wer das betend wagt, wird nicht ohne Antwort bleiben.
3. Der Betroffene gibt auch dann nicht auf, wenn ihm in der morgendlichen Stille die Einsicht in die negativen Kommunikationsmuster verschlossen bleiben sollten.
Er selbst will gehen und über die fragwürdigen Interaktionsmuster seiner Ehe reflektieren.
Solche Gebete sind konkret. Sie machen den Weg frei zur Vergebung, die Reibungen und Schwierigkeiten abbaut. Eine pauschal formulierte Bitte um Vergebung, die nicht die Sünden und Versäumnisse benennt, bringt keine Umwandlung in der Beziehung.
Ein Gebet: „Herr, rette unsere Ehe!", bleibt eine Farce, wenn die Beteiligten ohne Selbstprüfung und Einsicht ihr Geschick auf Gott abschieben. Das Gebet klingt fromm, ist aber eine Selbsttäuschung.

Die Gesinnungsänderung kostet Arbeit

Die Gesinnungsänderung setzt die Vergebung voraus. Zwei Eheleute beispielsweise haben ihre negativen Denk- und Einstellungsmuster erkannt. Sie bitten voreinander und vor Gott um Vergebung. Das Eingeständnis der wirklichen Schuld macht den Weg frei, die Gesinnungsänderung einzuleiten. Der Alltag ist die Bewährungsprobe.

Martin Luther hat das klar erkannt, als er schrieb: „Der alte Adam muss durch tägliche Reue und Buße ersäufet werden." Und im Großen Katechismus ergänzte er: „… und sieh an, das Biest kann schwimmen."

Die alte Eva und der alte Adam führen ein zähes Leben. Einstellungen und Muster, die wir Jahrzehnte eintrainiert und praktiziert haben, bestimmen unsere Gewohnheiten.

In eine böse Falle schlittern nicht wenige hinein, die hoffnungsfroh nach der Vergebung, die sie sich gegenseitig zugesprochen haben, einen Neuanfang ihrer Beziehung wagen.

Da sind Doris und Albert, seit acht Jahren verheiratet. Sie haben zwei Kinder von sechs und vier Jahren. Ein Kind ist geistig behindert und hat die Mutter erheblich gefordert. Sie kam nervlich ständig an ihre Grenzen. Das behinderte Kind verlangte ihre totale Aufmerksamkeit. Der Mann wurde zunehmend mürrischer, weil die Frau seine sexuellen Erwartungen mehr und mehr enttäuschte. Beide zankten sich über Belanglosigkeiten. Sie redeten immer weniger. Der Mann blieb abends länger weg und die Frau steckte alle Kraft in die Kinder. Ihr geistliches Leben, beide bezeichneten sich als Christen, verödete immer mehr.

Eines Abends platzte es aus ihm heraus: „Wenn das so weitergeht, lasse ich mich scheiden. Ich habe die Nase voll. Eine Ehe habe ich mir anders vorgestellt." Die Frau traf es wie ein Blitz. Sie war unzufrieden, aber an Scheidung hatte sie nie gedacht.

In den letzten zwei Jahren hatte sie eine regelrechte Allergie gegen seine aufdringlichen sexuellen Wünsche bekommen, die in ihren Augen auch perverse Züge trugen.

Die Krise hatte etwas Gutes. Die Frau weinte, der Mann nahm sie fest in die Arme. Beide versöhnten sich. Beide sprachen sich die Vergebung zu und vereinbarten einen ehelichen Neuanfang. Beide meinten es ehrlich und gut.

Aber die Wirklichkeit sah anders aus. Drei Monate später waren die Konflikte schlimmer denn je. Sie schrien sich an. Die Frau konnte nachts nicht mehr ruhig schlafen. Die Kinder wurden zunehmend aggressiver. Der Mann blieb tagelang weg. Er pflegte lose sexuelle Beziehungen zu anderen Frauen. Und ein halbes Jahr nach der Versöhnung zog er aus. Erst dann kam die Frau in die Beratung. Sie zog die Notbremse, um das Schlimmste zu verhindern. Aber es war zu spät. Die Ehe wurde geschieden.

Was zeigt dieses Beratungsbeispiel?

1. Die Vergebung ist ein notwendiger erster Schritt. Zwei Menschen wollen sich versöhnen. Sie wollen einen Neuanfang. Aber sie müssen sich vor leeren Versprechungen hüten.

2. Der Neuanfang kann nicht klappen, wenn die negativen Beziehungsmuster nicht *er*kannt und *be*kannt werden. Die alten Gewohnheiten und Interaktionsspiele sind nicht zur Sprache gekommen.

3. Menschen, die sich die Vergebung zusprechen, müssen eingehend über ihre Mängel und Versäumnisse reden, die sie ändern wollen. Ohne Einsicht keine Veränderung. Ohne Einübung neuer Muster geschieht nichts.

4. Die Enttäuschung, wenn der Neuanfang misslingt, ist so dramatisch, dass der Zerbruch der Ehe häufig unaufhaltsam wird.

5. Bei Neuanfängen müssen *Rückfälle* einkalkuliert werden. Die eingefahrenen Muster kommen wieder zur Geltung. Neue Umgangspraktiken kosten Mühe. Sie widerstreben den alten Gewohnheiten.

Warum scheitern oft Zweit- und Drittehen?

Die Antwort ist einfach: Zwei Menschen sind auseinander gelaufen, weil sie mit ihren Schwierigkeiten nicht fertig wurden. Sie haben auf konstruktive Alternativlösungen verzichtet. Beide beschritten den bequemen Weg. Allerdings nahmen beide ihre destruktiven Muster mit in die neue Beziehung. Eine Zeit lang ging alles gut, dann meldeten sich unüberhörbar die alten Strategien zurück.

Der Prozess der Vergebung ist vielschichtig. Er erfordert einige konkrete Schritte.

Schritt 1: Wer um Vergebung bittet und sie erhält, ist aufgefordert, seine fragwürdigen Praktiken zu ändern. Wer kommentarlos zur Tagesordnung übergeht, handelt lieblos und benutzt die Vergebung als Beruhigungsmittel.

Schritt 2: Wer um Vergebung bittet, sollte über seine Einstellungsmuster reflektieren, die zu Spannungen, Streit und Auseinandersetzungen geführt haben. Selbstverständlich kann er wieder schuldig werden. Wer seine Handlungsweisen nicht hinterfragt, betrügt sein Gegenüber.

Schritt 3: Wer Vergebung erbittet und sie erhält, muss bereit sein, mit dem Partner über beziehungsfreundliche Reaktionen zu sprechen. Die Vergebung wird völlig entwertet, wenn in Ehe und Familie der Austausch darüber unterbleibt.

Schritt 4: Wem die Vergebung zugesprochen wurde, der nimmt die neuen – gemeinsam ausgehandelten – Alternativlösungen ins Gebet. Dieser Schritt erfordert Geduld. Das Gebet ist konkret und beansprucht unsere Aufmerksamkeit ganz. Wer schnell aufgibt, meint es nicht ernst. Wer resigniert, zweifelt an seiner Ehe und an seiner Liebe.

Vergebung ist kein müheloser Spaziergang. Viele Menschen machen es sich zu leicht. Vergebung kostet in der Tat Arbeit. Die versteckten und tiefsitzenden Motive müssen ans Licht. Die Sünden und Fehler müssen eingesehen werden. Voreinander und vor dem lebendigen Gott müssen sie bekannt werden. Eine oberflächliche Vergebung richtet mehr Schaden als Nutzen an. Sie fördert die Selbsttäuschung. Sie verstärkt die negativen Beziehungen.

Ich habe in Seelsorge und Beratung leider häufig erlebt, dass Gebete um Heilung von Ehen, Familien und Beziehungen unwirksam blieben, weil die Betroffenen von Gott viele Wunder erwarteten, zur Selbstprüfung und zur Klärung von Schwierigkeiten aber nicht bereit waren.

Kapitel 12:
Worauf müssen Seelsorger achten?

Seelsorgerliche Beratung ist ein schwieriges Unterfangen. Es gibt einige Fallgruben, vor denen sich der Seelsorger hüten muss. Verletzungen und Kränkungen machen einen Menschen empfindlich. Beleidigte und gedemütigte Menschen reagieren trotzig, misstrauisch und zuweilen böse.

Der Seelsorger muss sich hüten, Vorwürfe, die dem Partner, den Eltern oder anderen Menschen gelten, auf sich zu beziehen. Sowie er sich auf die Seite der Täter und Verletzer stellt, sowie er Verständnis für diese Personen zeigt, erlebt er Abwehr und Widerstand. Er wird infrage gestellt. An seiner Ehrlichkeit wird gezweifelt. Offen und unverstellt wird ihm Parteinahme angelastet.

Denkanstoß Nr. 1:
Der Seelsorger sollte immer das ganze Beziehungsgefüge im Auge behalten

Die meisten Probleme in der Seelsorge sind Beziehungsprobleme. Vergebung geschieht zwischen Personen. Vergebung ist die Achse für jedes Zusammenleben. Ist diese Achse angeknackt, werden alle Beziehungen problematisch: unsere Beziehungen zu uns selbst, zum Nächsten und zu Gott.

Ohne Vergebungsbereitschaft laden sich die Menschen Schwierigkeiten auf die Seele. Sie belasten ihre Psyche, den Geist und den Körper. Bitterkeit macht Leib, Seele und Geist krank. Eine Reihe psychosomatischer Krankheiten sind die Folge. Der gesamte Organismus gerät unter Druck.

Der *Ehebruch* beispielsweise ist nicht nur eine Beziehungsstörung zwischen Frau und Mann, sondern auch eine Störung zwischen den Eheleuten und Gott. Er belastet die Kinder, die Schwiegereltern und Freunde.

Der *Alkoholismus* ist nicht nur ein Problem des Betroffenen. Er zieht den Partner, die Kinder, die Nachbarn, die Gemeinde, den Arbeitgeber und Arbeitskollegen in Mitleidenschaft.

Alle Beziehungen müssen geheilt werden. Alle Beziehungen müssen hinterfragt werden. Seelsorger, die das gesamte Beziehungsgefüge nicht im Auge behalten, handeln verantwortungslos.

Denkanstoß Nr. 2:
Keine unsinnigen Versprechungen abnehmen

Seelsorger sollten ratsuchende Erwachsene darauf aufmerksam machen, Kindern niemals unsinnige Versprechungen abzunehmen. „Versprich mir, dass du nie mehr lügst!" Das ist ein unbarmherziger Satz. Wir fordern Unmögliches. Selbst wir Erwachsenen können einen solchen Satz nicht halten. Vergebung mit Bedingungen ist eine ungeistliche Praxis.

Gott vergibt uns täglich, wir wollen nicht oder stellen törichte Bedingungen. Er lässt uns wieder recht sein, er rechtfertigt uns, er lässt Gnade vor Recht ergehen.

Auch im Eheleben werden häufig vom Partner unsinnige Bedingungen aufgestellt, die im Grunde nicht einzuhalten sind. Der Seelsorger muss vorsichtig solche Forderungen mit den Betroffenen besprechen. Keine Ratschläge, sondern Hilfen anbieten, die es den Partnern ermöglichen, das Irreale solcher Forderungen zu erkennen.

Denkanstoß Nr. 3:
Die versteckten Absichten herausarbeiten

Entscheidend für die Seelsorge mit Jugendlichen und Erwachsenen ist:

- Die versteckten Absichten herauszuarbeiten, die beide Parteien oder den Einzelnen bewogen haben, Unrecht zu tun bzw. lieblos zu handeln.
- Die unbewussten egoistischen Ziele und Wünsche ans Licht zu heben, die zum Konflikt geführt haben.

- Die erkannten destruktiven Verhaltens- und Einstellungsmuster zu bekennen und ins Gebet zu nehmen. Diese lieblosen und partnerschaftsfeindlichen Muster sind es, die Streit und Unglück heraufbeschworen haben.
- Zwischen *Symptom* und *Ursache* zu unterscheiden. Symptome sind die äußerlichen Zeichen (beispielsweise Streit, Ehebruch, Alkoholismus, Lügen usw.).
  Die Motive des Streites liegen tiefer. Die Motive des Ehebruchs spielen für die Heilung der Beziehung die Hauptrolle. Auch Alkoholismus ist das Symptom einer schweren Persönlichkeits- und Beziehungsstörung. Das *Symptom* ist die Folge, nicht die Ursache des Problems.

Eine Vergebung, die die Motive ausklammert, ist häufig unfruchtbar.

Die Störungen auf allen Beziehungsebenen bleiben. Erst eine Vergebung, die sich auf die geheimen Ziele und Wünsche erstreckt, ist in der Regel hilfreich. Denn die unverstandenen Motive sind es, die dem Menschen Kummer bereiten. Sie können nach der Vergebung ins Gebet genommen werden. Diese versteckten Muster sind es, die immer wieder durchbrechen und alte Sünden aufleben lassen.

Denkanstoß Nr. 4:
Eine Entschuldigung ist keine Vergebung

Mit Entschuldigungen sind wir Menschen schnell bei der Hand: „Entschuldige bitte!" – „Pardon!" – „Es tut mir leid!"

Der amerikanische Seelsorger Jay E. Adams geht hart mit diesen Ausflüchten ins Gericht: „Es ist an der Zeit, klar und für jedermann unmissverständlich zu sagen: Die Bibel weist uns an keiner Stelle darauf hin, dass wir uns ‚entschuldigen' sollen, noch lässt sie Raum dafür (…) Eine Entschuldigung ist der schlechte humanistische Ersatz für das eigentlich Notwendige. Wenn wir sagen: ‚Es tut mir Leid', so ist das ein Ausweichmanöver, mit dem man sich dem Gebot Gottes entzieht. ‚Was fordert die Bibel denn?' Die Vergebung (…) Wenn dagegen jemand sagt: ‚Bitte, vergib!', hat er den ersten Schritt getan. Jetzt wird von dem anderen eine Antwort erwartet (…)

Und die angemessene Antwort lautet: ‚Ja, ich vergebe dir!‘ Wie die Vergebung Gottes, so ist auch die Vergebung eines Menschen ein Versprechen, das gegeben und eingehalten wird (‚Ich gedenke deiner Sünde nicht mehr‘).“[22]

Denkanstoß Nr. 5:
Der Seelsorger versucht, Umkehr zu Gott zu ermöglichen

Die versteckten Absichten und Motive, die es herauszuarbeiten gilt, haben mit Gott zu tun. Es geht nicht nur darum, die unverstandenen Motive ins Licht zu heben, sondern sie dem Herrn aller Herren auszuliefern. Gesinnungsänderung meint nicht nur, die problematischen Verhaltens- und Einstellungsmuster durch positivere zu ersetzen, sondern sie im Namen Jesu zu reinigen und zu heiligen.

Anstelle von Ausreden und dem Abschieben der Schuld auf andere verlangt die an der Bibel orientierte Seelsorge das Erkennen und Bekennen der Sünde vor Gott.

Sünde trennt den Menschen von Gott.

Sünde lähmt die innige Beziehung zu Gott.

Sünde zerstört auch die Beziehung der Menschen untereinander.

Denkanstoß Nr. 6:
Der Seelsorger hilft, neue Gewohnheiten einzuüben

Alte Gewohnheiten spielen in der Seelsorge eine wesentliche Rolle. Wir alle haben schon in der Kindheit Gewohnheiten eingeübt, die sich wie ein roter Faden durchs Leben ziehen. Auch wenn der Mensch sich bekehrt, werden die alten Gewohnheiten ins neue Leben hinübergerettet. Die Kehrtwendung ist der erste Schritt. Dann aber beginnt erst die Hauptarbeit, die Umgestaltung und Gesinnungsänderung. Der alte Adam und die alte Eva kommen überall noch zum Vorschein. Wiedergeburt und Vergebung bedeuten auch: Ein Mensch wird sich verändern, indem er alte Verhaltensmuster ablegt und neue einübt. Die Umgestaltung ist ein Werk des Heiligen Geistes. Er verwandelt den Menschen und beeinflusst ihn.

Mit dem Ablegen alter Gewohnheiten ist ein Anlegen neuer Muster verbunden. Ablegen und Anlegen müssen gleichzeitig geschehen. Für die Seelsorge heißt das, die neuen Muster müssen präzise *vor* der Vergebung erarbeitet werden.

Vergebung schließt nicht ein, dass die alten Denk- und Verhaltensmuster nicht wieder belebt werden können. Neue Muster werden nicht vom Seelsorger angeraten.

Der Ratsuchende selbst überlegt, mit welchen neuen Mustern er am leichtesten zurechtkommt. Der Ratsuchende selbst benennt Stolpersteine, die von ihm beiseite geräumt werden können.

Denkanstoß Nr. 7:
Die Vergebung wird nur einmal ausgesprochen

Was ist gemeint?

Es gibt Ratsuchende, die von bestimmten Sünden in der Vergangenheit bedrängt werden. Ihr Gewissen ist belastet. Sie glauben, nicht innig beten zu können. Sie haben die enge Beziehung zu Christus verloren und machen sich schwere Vorwürfe.

Meist sind es hochsensible Christen, die Sünden dramatisieren und sich im Alltag nur noch mit diesen Selbstanklagen herumschlagen.

Ich denke an eine Frau, die in jungen Jahren bei einer Wahrsagerin war und sich die Zukunft ihrer Partnerschaft hatte aus den Karten lesen lassen. Darüber sind 12 Jahre ins Land gegangen. Bei einer Evangelisation über „Okkultismus" wurde ihr diese Sünde wieder bewusst und sie glaubte, ihre mangelnde Christusbeziehung allein auf diesen Umstand zurückführen zu können. Sie war bei ihrem Pastor in der Gemeinde gewesen, den sie allerdings nicht für „völlig gläubig" hielt. Er hatte ihr die Sünden im Namen Jesu vergeben. Aber schon zwei Tage später war die alte Unruhe zurückgekehrt. Ihr Glaubensleben war gestört wie bisher. Sie war fest davon überzeugt, dass der Satan sie mit allen Mitteln vom Glauben abbringen wollte.

Sie kam ein zweites Mal und ging zu einem anderen Seelsorger, um sich von der „okkulten Belastung" durch die Wahrsagerin befreien zu lassen. Der lehnte zu Recht ab. Er sagte zu ihr: „Die Vergebung ist geschehen. Sie sind frei von der Sünde. Ihr überfeines Gewissen lässt Schuldgefühle aufkommen, die überflüssig sind."

Die Frau geriet Wochen später in eine Krise und kam in eine Klinik. Diagnose: „Endogene Depression".

In unseren Gemeinden haben wir es immer wieder mit feinen Christen zu tun, die übersensibel reagieren, die von Skrupeln geplagt werden und sich in Sündenschuld hineinsteigern. Häufig liegen die Sünden Jahre zurück oder sie werden von ihnen dramatisiert. Ihr krankhaftes Gewissen quält sie mit Schuldvorwürfen und Anklagen. In solchen Fällen sollten Seelsorger mit gläubigen Psychiatern zusammenarbeiten.

Denkanstoß Nr. 8:
Der Ratsuchende spürt keine Glaubensgewissheit

Das ist ein Problem, mit dem Seelsorger immer wieder konfrontiert werden. In der Regel handelt es sich um sehr gewissenhafte Menschen, denen die Vergebung ihrer Sünden im Namen Jesu zugesprochen wurde, die aber keine Befreiung und Freude erleben.

„Mein Lebensgefühl hat sich nicht grundlegend verändert!"

„Mir fehlt das Gefühl für Glaubensgewissheit!"

Die Beziehung zu Gott ist nicht in erster Linie eine Frage des *Gefühls*. Die Heilsgewissheit gründet sich auf Gottes Verheißungen, auf Gottes Zusagen und nicht auf die Gefühle. Gefühle sind wetterwendisch und unzuverlässig. Heute stimmen sie uns fröhlich, morgen treiben sie unsere Stimmung in den Keller.

Dann gibt es Menschen, die sehen alles negativ und pessimistisch. Wir sprechen geradezu von Negaholikern, von Negativdenkern. Ihre Gefühlsleben bewegt sich unter dem Durchschnittsniveau. Sie sind selten fröhlich und hoch gestimmt. Sie befürchten überall das Schlimmste, erwarten nur Pleiten und Pannen. Wozu sollen sie nach der Bekehrung völlig andere Menschen werden?

Sie leben das, was sie *erwarten*.

Sie realisieren, was sie *erhoffen*.

Ihnen geschieht, was sie *glauben*.

Seelsorger, die mit dem Ratsuchenden eine Lebensstilanalyse machen, kommen schnell dahinter, dass selbst Vergebung und Bekehrung bei solchen Menschen keinen Gefühlsumschwung herbeiführen. Muss der stattfinden?

Wie sagte der Evangelist Wilhelm Busch: „So wahr die Sonne am Himmel prangt, so wahr habe ich Sünder Vergebung erlangt. Was meine Gefühle mir vorgaukeln, ist uninteressant!" Ein mutiges Wort, das es zu beherzigen gilt. In Seelsorge und Beratung ist es ein langer Weg, den Winter des Gefühls in einen Sommer des Gefühls umzuwandeln. Entscheidend ist, dass wir Gottes Verheißungen Glauben schenken und nicht unseren Gefühlen.

Denkanstoß Nr. 9:
Der Seelsorger will Glaubenshilfe geben

Dieses Bemühen ist richtig. Aber die Glaubenshilfe sollte da ansetzen, wo der Ratsuchende dem Seelsorger das Stichwort gibt. Der *Ratsuchende* mit seinen Problemen und Schwierigkeiten steht im Mittelpunkt, nicht der Seelsorger. Es geht zunächst um die Sichtweise des Ratsuchenden, wie er sich versteht, wie er seine Lage deutet, was er erwartet und wie der Seelsorger ihm helfen kann. Ist das genau herausgearbeitet, wird der Seelsorger davor bewahrt, Glaubensfragen anzusprechen, die *jetzt* unangebracht sind.

Helmut Tacke beschreibt ein schönes Beispiel in seinem Buch „Glaubenshilfe als Lebenshilfe":[23]

Ein Pfarrer besucht eine junge Frau im Krankenhaus. Die Frau hat einige Tage vorher ihr Kind – sofort nach der Geburt – verloren. Die Frau lässt sich auf ein Gespräch mit dem Pfarrer ein und sagt: „Wissen Sie, manchmal denke ich, es ist eine Strafe."

Damit hat sie dem Seelsorger das entscheidende Stichwort gegeben, das ihn sofort dazu verleitet, den dogmatischen Zusammenhang zwischen „Schuld und Sühne" anzusprechen. Er tut es mit dem besten Vorsatz, die Vorstellungen eines nach irdischer Gerechtigkeit strafenden Gottes zu korrigieren. Aber er übersieht völlig, dass die Schuldgefühle der Frau einen ganz anderen Grund haben. Sie sind nämlich in einer gestörten Beziehung zu ihrem Mann begründet. Das hat der Seelsorger nicht hinterfragt, er hat die Strafe – als Theologe – sofort in seinem Denkschema beantwortet.

Vielleicht hätte er fragen können: „Was genau erleben Sie als Strafe?" Oder: „Sie sprechen von Strafe. Möchten Sie erzählen, was Sie belastet?"

Ganz sicher hätte die Frau von ihren ehelichen Schwierigkeiten gesprochen. Auch hier hätte der Theologe eine gute Gelegenheit gehabt, ein Glaubenszeugnis zu geben. Es hätte allerdings in der konkreten Situation besser gepasst.

Eine konkrete Lebenshilfe wird in der beratenden Seelsorge zur Glaubenshilfe.

Kapitel 13:
Beichte und Vergebung

Unter evangelischen Christen wird die Beichte häufig als ausgesprochenes katholisches Anhängsel verstanden. Das Missverständnis hat der Schriftsteller Max Frisch in seinem Roman „Mein Name sei Gantenbein" treffend formuliert:

„Ein Katholik hat die Beichte, um sich von seinem Geheimnis zu erholen, eine großartige Einrichtung; er kniet und bricht sein Schweigen, ohne sich den Menschen auszuliefern, und nachher erhebt er sich, tritt wieder seine Rolle unter den Menschen an, erlöst von dem unseligen Verlangen, von Menschen erkannt zu werden. Ich habe bloß einen Hund, der schweigt wie ein Priester, und bei den ersten Menschenhäusern streichle ich ihn."[24]

Ist das wirklich so? Hat der Protestant keinen Menschen, vor dem er seine Beichte ablegen kann? Hat der Protestant nur einen Hund, vor dem er seine Beichte ablegen kann? Lebt der Protestant davon, dass die Beichte seit Martin Luther abgeschafft ist?

Auch evangelische Christen brauchen die Beichte. Luther hat *nicht* mit der Beichtpraxis gebrochen. Er hat mit der Wiedergutmachung begangener Sünden gebrochen. Jede Sünde ist vor Gott gleich schwer. Aber jede Sünde ist in Jesus Christus vergebbar.

Warum Beichte?

In den modernen Humanwissenschaften ist das persönliche Schuldbewusstsein vor Gott vielfach zurückgeführt worden auf:

- falsche krankhafte Schuldgefühle,
- Folgen sozialer Missstände,
- seelische Erkrankungen,
- Minderwertigkeitsgefühle und -komplexe,
- Depressionen und Angst,
- ein krankhaftes Gewissen.

Die genannten Faktoren können die Schuldgefühle zweifellos verstärken. Aber Schuld ist ein Grundproblem des Menschen schlechthin.

Schuld ist Rebellion gegen Gott.

Schuld bedeutet, an Gott vorbei zu leben.

Schuld bedeutet Verletzung der Gebote Gottes.

Schuld bedeutet, vor Gott ein Sünder zu sein.

Nur auf Wegen des Schulderlasses, der Barmherzigkeit, kann der Mensch wieder mit Gott versöhnt werden. Erlassen der Schuld bedeutet Vergebung.

Voraussetzungen der Beichte

Nicht alle seelsorgerlichen Gespräche sind Beichtgespräche. Wenn aber die Sünde vor Menschen und Gott erkannt ist, kann das Beichtgespräch erfolgen. Die Beichte wird nicht aufgezwungen. Der Ratsuchende muss sie wollen.

Beichte ist mehr, als *sich aussprechen* wollen.

Beichte ist mehr, als *Dampf abzulassen*.

Beichte ist mehr, als sich vor einem anderen *zu entlasten*.

Folgende Gesichtspunkte sind für das Beichtgespräch wichtig:

Gesichtspunkt Nr. 1:
Der Ratsuchende muss ein volles Geständnis ablegen.

Beichte und Absolution bilden die zwei Pole eines ganzheitlichen Geschehens. Es geht um zwei geistliche Imperative: Der erste gilt dem Ratsuchenden: „Einer bekenne dem anderen seine Sünden!" (Jakobus 5, 16) Der zweite gilt dem Seelsorger: „Einer trage des anderen Last." (Galater 6, 2) Darin liegt die ganze Theologie der Beichte begründet.

Es geht bei der Beichte nicht um Allgemeinplätze. „Ich habe das Bedürfnis, mal mit einem Menschen zu sprechen, der mir meine Sünden vergibt. Ich habe betrogen, aber bitte, ersparen Sie mir Einzelheiten!" Das geht, wenn der Betreffende mit einem Berater, einem Psychologen oder Arzt gesprochen hat, der gründlich die Motive und die Umgangsmuster herausgearbeitet hat. Dann ist das

Schuldbekenntnis vor einem Geistlichen oder einem vollmächtigen Christen ein weiterer Schritt.

Gesichtspunkt Nr. 2:
Die sündhaften Motive müssen dem Ratsuchenden einleuchten.
In vielen seelsorgerlichen Gesprächen bleiben die negativen und sündhaften Motive im Dunkeln.

Der Ratsuchende will seelische Entlastung, sich aber mit seinen tiefsitzenden Motiven nicht auseinander setzen.

Der Ratsuchende will Vergebung, hält aber die Aufdeckung egoistischer und liebloser Hintergedanken für überflüssig. Er meint, er sei vordergründig ehrlich, aber die im Unbewussten verankerten egoistischen Ziele bleiben zugedeckt. Die Folgen:

- Die ungeistlichen Verhaltens- und Einstellungsmuster brechen wieder auf. Die unerkannten Sünden spielen dem Ratsuchenden einen Streich.
- Der Ratsuchende ist über Gott und den Seelsorger enttäuscht. Er wollte einen Neuanfang, den er selbst unmöglich gemacht hat, weil er die versteckten Triebfedern seines Fehlverhaltens zugedeckt ließ.

Gesichtspunkt Nr. 3:
Ratsuchende müssen bereit sein, anderen zu vergeben.
Wer Vergebung von Gott erbittet, muss bereit sein, dem anderen zu vergeben.

Wer seine Mitmenschen von der Vergebung *ausschließt*, kann selbst keine Vergebung von Gott erwarten.

Wer *nachträgt,* untergräbt die Vergebung;

wer andere *bestrafen* will, wehrt die Vergebung ab;

wer anderen die Sünde *behalten* will, ist zur Vergebung nicht bereit.

„Wenn ihr den anderen verzeiht, was sie euch angetan haben, dann wird euer himmlischer Vater euch eure Schuld vergeben. Wenn ihr aber den anderen nicht verzeiht, dann wird euer himmlischer Vater euch eure Verfehlungen auch nicht vergeben." (Matthäus 6, 14.15)

Gesichtspunkt Nr. 4: Der Beichtende verhält sich so, als ob sein Gegenüber es gut mit ihm meint.

Wer ernsthaft Vergebung will und daran glaubt, begegnet seinem Gegenüber positiv.

Schauen wir uns Ewald an. Er hatte harte Auseinandersetzungen mit seinen Eltern. Er zog aus und verklagte seine Eltern sogar gerichtlich. Für sein Studium musste der Vater sowieso aufkommen. Da er nachweisen konnte, dass die Eltern den Neunzehnjährigen noch autoritär bevormunden wollten, zogen die Eltern im Prozess den Kürzeren und mussten ihm ein gemietetes Zimmer bezahlen. Der Vater zahlte unwillig und war verbittert. Die Mutter lehnte alle Kontakte mit dem aufsässigen Sohn ab. Im CVJM kam Ewald zum Glauben. Er bereute tief die Verletzungen, die er den Eltern angetan hatte. Die Demütigungen, die ihm besonders sein Vater zugefügt hatte, konnte er vergeben. Er bemühte sich, die zerbrochene Verbindung zu seinen Eltern wieder zu kitten. Die Eltern zögerten und witterten eine Falle. Sie verhielten sich äußerst reserviert und abweisend. Ewald kam seinen Eltern aufrichtig und vergebungsbereit entgegen. Er begegnete ihnen konstruktiv, hoffnungsvoll und vertrauend. Die positive Erwartung, die Ewald seinen Eltern entgegenbrachte, veränderte auch ihr Denken und ihre Haltung. Es stimmt schon:

● Meine Einstellung verändert meine Gefühle;
● meine Gesinnung beeinflusst meine Stimmung;
● meine Gedanken wirken auf mein Handeln ein;
● mein Glaube an die Kraft des Geistes Gottes verändert meine Persönlichkeit.

Fragen zur Selbstprüfung

1. Gibt es etwas in meinem Leben, das ich nicht aus Gottes Hand nehme?

● Sage ich ja zu meinem Leben? Wenn nein, wem mache ich Vorwürfe?
● Sage ich ja zu mir selbst, zu meiner Figur, zu meinen Gaben, zu meinen Grenzen?

- Sage ich ja zu meiner Arbeit, meiner sozialen Stellung, meiner Wohnung?
- Sage ich ja zur Härte und zu den Schwierigkeiten meines Lebens?
- Sage ich ja zu den Führungen Gottes, oder hadere ich mit Gott?
- Sage ich ja zu den Menschen, mit denen ich zu tun habe?
- Sage ich ja zu den Menschen, die mehr begabt und geschätzt sind als ich?
- Sage ich ja zu meiner Ehe, zu meinem Ehepartner? Ist er der Mensch, der mir am nächsten steht?
- Sage ich ja zu meiner Ehelosigkeit? Vertraue ich hinsichtlich meiner Partnerwahl der Führung Gottes?
- Warum finde ich möglicherweise zu vielen Fragen kein Ja?

Merksatz: Jedes Nein zum Leben ist ein Zeichen, dass ich nicht an den Vater im Himmel glaube. Ich glaube nicht, dass Gott alles in seiner Hand hat und dass er es gut mit mir meint.

2. Gibt es Menschen, die ich nicht mag?

- Menschen, von denen ich nichts wissen will?
- Menschen, mit denen oder über die ich nicht sachlich und ruhig reden kann?
- Menschen, denen gegenüber ich mich oft rechtfertigen muss?
- Menschen, für die ich Gott nicht danken kann?
- Menschen, denen ich Verletzungen nachtrage?
- Menschen, die meinen Lebensweg nachhaltig blockiert haben und auf die ich wütend bin?

Merksatz: Was mich am anderen Menschen ärgert, das ist meine Sünde!

3. Was drücke ich im Allgemeinen mit meinem Reden aus?

- Rede ich, um mich hervorzutun, meine Anerkennung und Ehre zu suchen?

- Rede ich, um andere herabzusetzen, indem ich mehr von ihren Fehlern und Verfehlungen spreche als von ihren guten Seiten?
- Rede ich, um einen guten Eindruck zu machen?
- Rede ich, um der Stille zu entfliehen?
- Bin ich wahr in meinen Äußerungen oder übertreibe ich?
- Lenke ich in der Unterhaltung die Aufmerksamkeit auf mich?
- Habe ich den geheimen Wunsch, beachtet zu werden?
- Habe ich eine Vorliebe für Lob und Ehre von Menschen?
- Bin ich schnell beleidigt, empfindlich, wenn andere mir widersprechen?
- Nehme ich im Gespräch eine hartnäckige, unversöhnliche Haltung ein?
- Sündige ich mit leeren Worten?

Merksatz: Sage niemals über einen anderen etwas, das du nicht bereit bist, in seiner Gegenwart zu wiederholen!

4. Leide ich unter Angst?

- Wovor oder vor wem habe ich Angst?
- Bin ich leidensscheu?
- Neige ich zu Kompromissen oder falscher Zurückhaltung?
- Lasse ich mich von angesehenen Personen beeindrucken?
- Sage ich aus Angst nicht meine Meinung?
- Gehe ich Konflikten aus dem Wege und verleugne die Wahrheit?

Merksatz: Die Liebe zu Jesus treibt alle Furcht aus!

5. Wie steht es mit meiner Selbstdisziplin?

- Wie sieht meine Zeiteinteilung aus?
- Muss ich meine Prioritäten neu ordnen?
- Nehme ich mir genügend Zeit für Frau, Mann und Kinder?
- Nehme ich mir genügend Zeit zum Ausruhen?
- Habe ich genügend Schlaf?
- Stehe ich diszipliniert auf?

- Arbeite ich gründlich und zuverlässig?
- Werde ich leicht ängstlich, ärgerlich und zornig?
- Leide ich unter unreinen Vorstellungen und Selbstbefriedigung?
- Lasse ich mich von pornografischen Darstellungen fesseln?
- Bin ich im Begriff, meine eigene oder eine fremde Ehe zu verletzen?
- Bin ich auf irgendeinem Gebiet süchtig?

> **Merksatz: Wer mehr tut, als Gott will, wird nervös; wer weniger tut, als Gott will, wird deprimiert.**

6. Wie steht es mit meinem geistlichen Leben?

- Lebe ich aus dem Vertrauen zu Gott, oder sorge ich mich?
- Habe ich Vorbehalte dem Wort Gottes gegenüber?
- Neige ich zum Grübeln oder Zweifeln?
- Bin ich gleichgültig und lau und neige zur Bequemlichkeit?
- Nehme ich mir regelmäßig Zeit zur Stille vor Gott?
- Wie steht es mit meiner Einstellung zum Geld und materiellen Dingen?
- Bin ich freigebig mir gegenüber und knauserig, was die anderen betrifft (Haushaltsgeld, Taschengeld der Frau)?
- Bin ich geizig, neidisch?
- Liebe ich den Nächsten wie mich selbst?
- Habe ich ein unangenehmes Empfinden beim Erfolg eines anderen?
- Bin ich um das Heil anderer Menschen besorgt?
- Ist der Heilige Geist meine treibende Kraft?
- Bin ich meines Heils gewiss?

> **Merksatz: „Jede Ähre hat zu ihren Füßen ein Grab, in das ein Samenkorn fiel."[25]**

Hinweise für den Selbstprüfungsfragebogen

1. Der Beichtspiegel kann Ratsuchenden helfen, geistliche Fehlhaltungen und Sünden konkreter zu erkennen.
   Er kann Sünden, die wir nicht sehen wollen, ins Licht heben.
2. Ratsuchende können, wenn sie bereit sind, Fragen ankreuzen, die besonders ihre Verhaltensmuster widerspiegeln.
3. Der Seelsorger kann die Probleme und Konflikte des Ratsuchenden mit dem Selbstprüfungsfragebogen und dem Lebensstil des Ratsuchenden in Verbindung bringen.

Worte über Vergebung und Versöhnung

„Liebe deckt alle Vergehen zu." *Sprüche 10, 12*

„Hast du gesündigt, so tu's nicht mehr, und wegen des Vergangenen bete um Vergebung." *Sirach 21, 1*

„Die buchstäbliche Befolgung dieser Anweisung Jesu ist gefordert. Dabei können folgende Regeln helfen:

- Bereiten Sie das Gespräch bewusst im Gebet vor.
  Reden Sie nicht unbedacht!
- Bringen Sie das, worum es geht, sachgemäß vor.
  Sprechen Sie nicht emotional!
- Sagen Sie Ihre persönliche Meinung.
  Verstecken Sie sich nicht hinter einem „wir" oder „man".
- Kontrollieren Sie Ihre Gefühle und Motive.
  Seien Sie aufrichtig mit sich selbst!
- Hören Sie unvoreingenommen auf die Erwiderungen Ihres Gesprächspartners.
  Lassen Sie ihn ausreden!
- Versuchen Sie, Ihr Gegenüber zu verstehen, warum es so ist, wie es ist.
  Nehmen Sie Ihren Gesprächspartner ernst!
- Sehen Sie in ihm eine von Gott geliebte Persönlichkeit, auch wenn es Ihnen schwerfällt.
  Lieben Sie ihn!
- Denken Sie miteinander darüber nach, wie es zu dieser die Beziehung belastenden Schuld kam.
  Seien Sie aufrichtig miteinander!
- Bringen Sie die Schuld im Gebet gemeinsam vor Gott.
  Vergeben Sie einander!"[26]

Anregung 2: Versöhnung ist wie die Nabelschnur zwischen Mutter und Kind

Ein schwarzer Pastor aus Tansania, Gabriel Kimirei, formulierte die Botschaft der Versöhnung so:

„Ich möchte Ihnen an einem Bild zeigen, was Versöhnung bedeutet. Zeichnen sie es doch mit Ihrem Herzen und Denken nach! In meiner Sprache, in Massai, hat das Wort ‚Versöhnung' eine sehr tiefe Bedeutung. Im Bauch einer schwarzen Frau wächst ein Kind heran. Die Verbindung von Mutter und Kind, die Nabelschnur, heißt bei uns ‚Osatwa.' Dasselbe Wort wird gebraucht, wenn Menschen, die Feinde waren, sich versöhnen und zueinanderfinden. Die Nabelschnur sorgt dafür, dass das Kind Nahrung und Luft von der Mutter bekommt (...) Genauso ist es mit uns. Das Wort Versöhnung, das Jesus Christus ist, ist diese Nabelschnur zwischen uns und unserem himmlischen Vater. Solange diese Nabelschnur uns verbindet, leben wir."[27]

Versöhnung ist Leben. Feindschaft, Tod und Trennung haben ein Ende. Versöhnung ist „Osatwa". Wir brauchen diese geistliche Nabelschnur zum Vater, durch die unser Leben garantiert ist. Diese Nabelschnur wird durchschnitten, wenn wir anderen Menschen nicht vergeben, wenn wir Mauern aufrichten und Zwietracht säen. Wir zerreißen diese Nabelschnur zum Leben, wenn wir Kränkungen nachtragen, wenn wir die Hand zur Vergebung ausschlagen.

Was meint Versöhnung genau? Das griechische Wort im Neuen Testament bedeutet: „verändern", „vertauschen", und zwar *„von oben her* verändern"! Von oben her – das ist entscheidend. Gott ist der Handelnde, wenn es ums Wiedergutmachen geht. Gott hat unsere Lage radikal verändert, indem er sich an den Platz des Gottlosen, des Ehebrechers, des Betrügers, des Mörders und des Gleichgültigen begab. Wer sühnt hier? Nicht der Schuldige, sondern der Unschuldige, nicht der Treter, sondern der Getretene, nicht der Sünder, sondern der Sündlose.

Anregung 3: Lasst euch versöhnen mit Gott!

Die Aufforderung der Bibel ist sprachlich interessant. Das ist ein passiver Imperativ, also eine Befehlsform, die doch gleichzeitig Leideform ist: „Lasst". In dem Wort steckt beides: Gottes Wirken einerseits und unsere Verantwortung andererseits. Beide Aspekte sind wichtig.

Die Mitbegründerin der Offensive Junger Christen in Bensheim, Irmela Hofman, sagte anlässlich der Verleihung des „Traugott-Brender-Preises":

146

„Wir haben in unserer Gemeinschaft drei Haupthindernisse für ein schöpferisches, zukunftsweisendes Zusammenleben entdeckt. Sie heißen bei uns kurz: die ‚drei U‘. Es sind:

- Undankbarkeit,
- Unversöhnlichkeit und
- Unbeweglichkeit.

Zur Undankbarkeit: Es ist doch so, dass Kinder, die in einem reichen Land aufwachsen, nicht automatisch dankbar sind. Ihre Ansprüche wachsen und damit ihre Unzufriedenheit ... Als Zweites habe ich die Unversöhnlichkeit genannt. Dazu kann ich nur sagen: Die Verantwortlichen unserer Gemeinschaft wären schon längst nicht mehr beieinander, wenn wir nicht gelernt hätten, einander zu vergeben und nach Konflikten neu miteinander anzufangen. Einmal im Jahr ziehen sich alle, die für unsere Arbeit mitverantwortlich sind, für drei Wochen zu einer Klausur zurück, um alles, was zwischen ihnen steht, offen voreinander auszusprechen und zu bereinigen. Versöhnung ist die Basis, auf der Zusammenleben möglich wird, gerade auch unter so verschiedenartigen Menschen, wie wir es sind.“[28]

Anregung 4: Habt Mut zum Brückenbauen!

Wer Versöhnung anstrebt, baut Brücken. Bischof Katembo in Zaire benutzte anlässlich eines Missionstages in Basel folgenden Vergleich:

„In Zaire gibt es eine Ortschaft, die für lange Zeit durch einen Fluss abgeschnitten war vom Rest der Welt. Die Dorfbewohner waren weitgehend Selbstversorger. Dann aber war endlich genügend Geld beisammen, um eine Brücke zu bauen, wodurch das Leben der Leute grundlegend verändert wurde. Nun wurde es möglich, Handel zu treiben, und der Kontakt mit den Nachbardörfern konnte aufgenommen werden.

Die Versöhnung mit Gott kann mit einem solchen Brückenbau verglichen werden. Schließlich gilt es auch noch zu bedenken, dass es dort, wo Brücken gebaut werden, Verkehr aus beiden Richtungen gibt. Daher gilt es immer wieder von Neuem darum zu bitten: ‚Herr, gib uns Mut zum Brückenbauen, gib uns Mut zur Versöhnung!'"[29]

Versöhnung heißt:
Zäune durchlässig machen,
Mauern einreißen,
Gräben zuschütten,
Brücken bauen,
Grenzen überwinden und
Hände reichen.

Kurt Rommel hat die Versöhnung in Verse gefasst:
„Herr, gib mir Mut, zum Brückenbauen,
gib mir den Mut zum ersten Schritt.
Lass mich auf deine Brücken trauen,
und wenn ich gehe, geh du mit."[30]

Anregung 5: Sind Sie mit sich selbst versöhnt?

Diese Frage stelle ich gern in Seelsorgegesprächen. Und immer wieder bin ich überrascht, wie viele mit sich im Unfrieden leben.

Sie wissen sich von Jesus akzeptiert, aber sie mögen sich nicht leiden.

Sie wissen sich von Jesus akzeptiert, aber sie leiden unter Minderwertigkeitskomplexen.

Sie wissen sich von Jesus akzeptiert, aber sind nicht mit sich versöhnt.

Sie wissen sich von Jesus akzeptiert, aber sie leben mit sich im Bürgerkrieg.

Ihre Wünsche an sich und die Realität stimmen nicht miteinander überein.

Der Prior des Benediktinerklosters in Münsterschwarzach, Anselm Grün, charakterisiert dieses geistliche Dilemma so:

„Das Wort Versöhnung kommt vom mittelhochdeutschen süene und meint: Schlichtung, Friede, Kuss. Und es klingt noch die Bedeutung mit: ‚still machen, beschwichtigen'. Sich mit sich selbst versöhnen heißt also: Frieden stiften mit mir selbst, einverstanden sein mit mir, so, wie ich geworden bin. Den Streit schlichten zwischen den verschiedenen Bedürfnissen und Wünschen, die mich hin und her zerren. Die Spaltung aufheben, die sich in mir aufbaut zwischen meinem Idealbild und meiner Realität. Die aufgebrachte Seele beruhigen, die sich immer wieder auflehnt gegen meine Wirklichkeit. Und es heißt, das küssen, was mir so schwer fällt, meine Fehler und Schwächen küssen, zärtlich umgehen mit mir selbst, gerade mit dem, was meinem Idealbild widerspricht."[31]

Warum ist die Versöhnung mit uns selbst so wichtig? Nur wenn wir mit uns selbst versöhnt sind, können wir uns mit Menschen unserer Umgebung versöhnen. Menschen, die mit sich selbst im Bürgerkrieg leben, die unversöhnt sind, tragen die Spaltung in andere hinein. Die innere Spannung kommt zustande, weil der Christ die Diskrepanz zwischen Idealbild und Realität auf die Spitze treibt. Unausgeglichen und widersprüchlich schaut er seine Schwächen, die er nicht wahrhaben will, in andere hinein.

Versöhnung heißt nicht, Frieden um jeden Preis.

Versöhnung heißt nicht, Konflikte bagatellisieren.

Versöhnung heißt nicht, Auseinandersetzungen vermeiden.

Versöhnung heißt nicht, Harmonie vortäuschen.

Der Versöhnte spricht belastende Gefühle, Verletzungen und Kränkungen aus. Verschiedene Standpunkte können bleiben. Aber der Kampf ist beendet. Feindschaft und Hass sind begraben. Die Kommunikation zwischen Gegnern funktioniert wieder.

Anregung 6: Verhindert der Aggressionstrieb die Aussöhnung?

Aggressionen in unterschiedlichster Form haben blutige Spuren in der Weltgeschichte hinterlassen. Jenseits von Eden nahmen Aggressionen ihren Lauf. Aggressionen sind die Folge der Ursünde: „Ihr werdet sein wie Gott!" Die Verhaltensforschung hat dazu beigetragen, den Aggressionstrieb als Grundtrieb alles Lebendigen zu rechtfertigen und die asoziale Menschennatur herauszustellen. Andere

Forscher behaupten das Gegenteil. Ein anlagebedingter Aggressionstrieb sei bis heute nicht nachgewiesen. Kain bekäme sofort mildernde Umstände. Menschliche Aggressionen, Mord und Totschlag fielen grundsätzlich auf Gott zurück. Die Versöhnung wäre äußerst problematisch.

Dass es auch anders sein kann, beschreibt eine Begebenheit aus vergangenen Tagen.

Ein Fürst im kriegerischen Volk der Mongolen geriet in Streit mit dem Herrscher eines verfeindeten Volkes. Die beiden entschlossen sich zum Duell. Es begann mit gegenseitigen Beschimpfungen, bis die Gemüter erhitzt waren. Da wurde zu den Waffen gegriffen. Freie Bahn den aufgeputschten Aggressionsgelüsten! Da trat jedoch ein Priester, der Zeuge des Vorgangs war, dazwischen. Er redete den beiden Kampfgefährten zu, das Duell vorerst noch mit Worten fortzusetzen. Nun allerdings so, dass einer den anderen zu übertreffen versuchen sollte mit Lobesworten. Wer den anderen am überzeugendsten loben würde, solle Sieger sein. Die Duellanten ließen sich auf den Vorschlag ein. Da wurde die Feindschaft abgebaut. Es kam zur Versöhnung.

Bedarf es eines deutlicheren Beweises, dass wir Menschen dem Aggressionstrieb nicht sklavisch ausgeliefert sind? Bei Menschen hat das Denken mitzubestimmen. Es kann den Ausschlag geben.

Meine Einstellung ist entscheidend.

Meine Bewertung macht eine Sache gut oder böse.

Mein Wille entscheidet über Krieg und Frieden.

Und wenn ich in Gottes Namen und in seiner Kraft die Gesinnungsänderung vollziehe, dann wird Versöhnung Realität.

„Wie ein Regen in der Wüste, frischer Tau auf dürrem Land.
Heimatklänge für Vermisste, alte Feinde, Hand in Hand.
Wie ein Schlüssel im Gefängnis, wie in Seenot ‚Land in Sicht‘,
wie ein Weg aus der Bedrängnis, wie ein strahlendes Gesicht:
So ist Versöhnung. So muss der wahre Friede sein.
So ist Versöhnung. So ist Vergeben und Verzeihn."[32]

Regeln, die Vergebung im zwischenmenschlichen Umgang verstärken

Regel 1: Geben Sie offen und ehrlich zu, dass Sie falsch gehandelt haben. Christus vergibt uns täglich. Warum sollten wir aus Stolz oder Rachsucht die Vergebung verweigern?

Regel 2: Entschuldigen Sie sich bei Menschen, denen Sie unrecht getan haben. Wir stellen uns nicht über sie. Wir geben ihnen ihre Macht und ihren Selbstwert zurück.

Regel 3: Ermutigen Sie Ihre Kinder, Ihre Freunde und Nachbarn, Vergehen einzusehen und sich bei den Gekränkten und Verletzten zu entschuldigen.

Regel 4: Verstärken Sie die Versuche anderer Menschen, Vergebung auszusprechen. Vergebung stärkt die Beziehungs- und Gemeinschaftsfähigkeit.

Regel 5: Danken Sie den Menschen persönlich oder öffentlich, die in der Vergebung als Vorbild dienen. Wir demonstrieren, dass Vergebung nicht nur ein privates Verhaltensmuster ist.

Regel 6: Gehen Sie keinen Rechtsstreit ein, bevor Sie nicht den Standpunkt des Gegners gehört und überprüft haben. Der Versöhnungsversuch steht vor dem Rechtsstreit.

Regel 7: Formulieren Sie die Vergebung konkret! „Ich bitte dich, vergib mir, dass ich eine böse Unterstellung ausgesprochen habe." – „Bitte, vergeben Sie mir, dass ich ein Gerücht ungeprüft über Sie weitergegeben habe!"

Regel 8: Wählen Sie den Weg der Vergebung. Er vermindert Hass und Feindschaft. Er eröffnet neue Wege der Versöhnung und baut Mauern ab.

Regel 9: Versöhnung und Vergebung rufen ein Gefühl der Freude hervor. Freude ist die Reaktion auf die Vergebung von Schuld.

Regel 10: Wer Frieden mit Gott gefunden hat, sucht auch Frieden mit seinem Nächsten. Wer selbst mit sich im Frieden lebt, wird immer auch versuchen, anderen Menschen diesen Frieden zu ermöglichen.

Literaturangaben

[1] Chris Thurman, Lügen, die wir glauben. Der Grund Nr. 1 für unser Unglücklichsein, S. 17. Schulte & Gerth, Asslar 1991.

[2] Jay E. Adams, 70 x 7. Das Einmaleins der Vergebung. S. 55. Brunnen, Gießen/Basel 1992.

[3] David Seamands, Heilung für kranke Herzen, S. 42. Francke, Marburg 1992.

[4] David Seamands, a. a. O., S. 43.

[5] Hans-Joachim Heil, Vergebung ohne Reue?, in: IGNIS-Journal, 2/1992, S. 62 f.

[6] David und Jan Stoop, Erneuern Sie Ihre Ehe, S. 105. Aussaat, Neukirchen-Vluyn 1985.

[7] David Seamands, Die 50/20 Vision, S. 108. Larmann, Marburg 1991.

[8] David Seamands, a. a. O., S. 110.

[8a] Beverly Flanigan, Nicht vergessen und doch vertrauen, rororo, Reinbek.

[9] Michael Lukas Moeller, Die Wahrheit beginnt zu zweit. Das Paar im Gespräch, S. 175. rororo, Reinbeck bei Hamburg 2000.

[10] James Bryan Smith, Das Biest in uns. In: Aufatmen 1/1997, S. 25 ff.

[11] Chris Thurman, a. a. O., S. 11.

[12] Samuel Pfeifer/Hansjörg Bräumer, Die zerrissene Seele. Borderline-Störungen und Seelsorge, S. 38 f. R. Brockhaus, Wuppertal 1997.

[13] Anselm Grün, Selbstwert entwickeln – Ohnmacht meistern. Spirituelle Wege zum inneren Raum, S. 115 f. Kreuz, Stuttgart 1995.

[14] Anselm Grün, a. a. O., S. 116 f.

[15] Samuel Pfeifer/Hansjörg Bräumer, a. a. O., S. 114.

[16] Jay E. Adams, a. a. O., S. 22.

[17] Werner Jentsch, Der Seelsorger, S. 44. Brendow, Moers 1982.

18 Aus „Der Spiegel", 12/1998, S. 138.

19 Hans Rohrbach, Befreiung ist möglich, in: Brennpunkt Seelsorge 4/1987, S. 82 f.

20 Informationsrundbrief der Bekenntnisbewegung „Kein anderes Evangelium", Nr. 70/1978, S. 21.

21 Ernst Rudin (Hrsg.), Arbeitshilfe für Seelsorger, S. 68. Präsenz, Gnadenthal 1983.

22 Jay E. Adams, Grundlagen biblischer Lebensberatung, S. 232 f. Brunnen, Gießen/Basel 1983.

23 Helmut Tacke, Glaubenshilfe als Lebenshilfe, S. 141. Neukirchener, Neukirchen-Vluyn 1975.

24 Max Frisch, Mein Name sei Gantenbein. Roman. Suhrkamp, Frankfurt 2001.

25 Ernst Rudin, a. a. O., S. 27.

26 Kurt Scherer, Vergebung. Das zentrale Problem, S. 14f. Hänssler, Neuhausen/Stuttgart 1998.

27 Gabriel Kimirei, in: Offensive Junger Christen, S. 160. 4/1987.

28 Irmela Hofmann, in: Offensive Junger Christen, S. 164 5/1989.

29 Bischof Katembo (Zaire) auf der Missionstagung in Basel, 5. April 1992.

30 Kurt Rommel, in: Ja, das Wort für alle, letzte Seite. Berliner Stadtmission 1992.

31 Anselm Grün, 50 Engel für das Jahr. Ein Inspirationsbuch, S. 16. Herder, Freiburg 1999.

32 Jürgen Werth, Neue Gemeindelieder, Nr. 124, Strophe 2. Oncken, Wuppertal 1999.

Weitere Bücher aus dem Blaukreuz-Verlag

Cheryl Sanfacon / Joyce Moccero

Meine Frau ist nicht verrückt

Was ich als Partner tun kann.
Paperback, 112 Seiten, zz. € 11,95
ISBN 978-3-89175-142-7

Erstmalig wird hier anhand eines anrührenden Beispiels geschildert, wie Familie, Freunde und Ärzte bei der Behandlung eines psychisch kranken Angehörigen helfen können. Dieses Buch hilft Ihnen, mit widersprüchlichen Gefühlen umzugehen und Ihren Partner bei einer Therapie zu begleiten; eine Kraftquelle für alle, die einer seelischen Erkrankung und der Therapie eines Angehörigen hilflos gegenüberstehen.

Arline Westmeier

Auch tiefverletzte Seelen können heilen

Belastende Bindungen lösen – Leben entfalten.
Paperback, 148 Seiten, zz. € 11,50
ISBN 978-3-941186-18-7

Das Buch kann helfen, mit Hilfe des Glaubens negative Strukturen zu überwinden. Zahlreiche Menschen sind in ihrer Persönlichkeit gestört, erschüttert, verletzt. Die Autorin konnte auch schwerwiegend Gestörten durch die Kraft des Glaubens erfolgreich helfen. Dies ist eine Weiterführung des bewährten Titels „Die verletzte Seele heilen".

Arline Westmeier

Wenn wir an Gedanken kranken

Zwanghafte Gedanken überwinden – neu denken lernen.
Paperback, 160 Seiten, zz. € 11,50
ISBN 978-3-89175-126-6

Viele Menschen werden geplagt von zwanghaften Gedanken. Die Autorin leitet dazu an, diese mit Gottes Hilfe zu überwinden und Gottes Absichten für das persönliche Leben besser zu erkennen. Eindrucksvolle Beispiele.

Curt Grayson / Jan Johnson

Versöhnt mit der Vergangenheit

Wege zur Heilung seelischer Verletzungen.
Paperback, 160 Seiten, zz. € 11,50
ISBN 978-3-89175-151-0

Frustrierende Erfahrungen und Verletzungen aus der Vergangenheit blo-
ckieren häufig unsere Lebensfreude und ein vertrauensvolles Glaubensleben. Als selbst Betroffene machen die Autoren denen Mut, die ihr Leben
leichter bewältigen möchten und ein besseres Verhältnis zu Gott und Menschen anstreben.

Oswald Chambers

Was ihn verherrlicht

Tägliche Wegweisung für Nachfolger Jesu.
Gebunden, 384 Seiten, zz. € 14,50
ISBN 978-3-941186-40-8

Wer Jesus näherkommen und mehr aus seiner Kraft leben möchte, findet
hier starke Anregungen. Die gehaltvollen Betrachtungen fördern besonders
das vertiefte Nachdenken in der persönlichen Stille vor Gott. Eine wahre
Fundgrube für die anhaltende Erneuerung des Glaubenslebens.

Oswald Chambers

Mein Äußerstes für sein Höchstes

Zeit für Gott im Trubel des Alltags.
Taschenbuch, 376 Seiten, zz. € 10,95
ISBN 978-3-941186-24-8

365 Andachten machen jeden Tag Mut, Großes von Gott zu erwarten.
Das weltberühmte Andachtsbuch ist für Christen, die Anspruchsvolles
suchen. Kaum ein Buch wird Sie so hinterfragen und herausfordern,
aber auch so trösten und ermutigen.